PARA QUE SERVE UMA ANÁLISE?

Blucher

PARA QUE SERVE UMA ANÁLISE?

e outros ateliês

VOLUME 1

Marion Minerbo

Revisão técnica

Isabel Lobato Botter
Luciana Botter

Colaboradora

Fernanda de Barros Machado Borges

Para que serve uma análise? e outros ateliês

Publisher Edgard Blücher
Editor Eduardo Blücher
Coordenador editorial Rafael Fulanetti
Pré-produção Aline Fernandes
Coordenação de produção Andressa Lira
Produção editorial Ariana Corrêa
Preparação de texto Bárbara Waida
Diagramação Thaís Pereira
Revisão de texto Regiane da Silva Miyashiro
Capa Leandro Cunha
Imagem da capa "Sem título", gravura de Marion Minerbo, 2023

Blucher

Rua Pedroso Alvarenga, 1245, 4º andar
04531-934 – São Paulo – SP – Brasil
Tel.: 55 11 3078-5366
contato@blucher.com.br
www.blucher.com.br

Segundo o Novo Acordo Ortográfico, conforme 6. ed. do *Vocabulário Ortográfico da Língua Portuguesa*, Academia Brasileira de Letras, julho de 2021.

Dados Internacionais de Catalogação na Publicação (CIP)
Angélica Ilacqua CRB-8/7057

Minerbo, Marion
Para que serve uma análise?: e outros ateliês/ Marion Minerbo; revisão técnica Isabel Lobato Botter, Luciana Botter; colaboradora Fernanda de Barros Machado Borges. -- São Paulo: Blucher, 2024.
128 p. (Série Ateliê Clínico; vol. 1)

Bibliografia
ISBN 978-85-212-2342-9

1. Psicanálise I. Título II. Botter, Isabel Lobato III. Botter, Luciana IV. Borges, Fernanda de Barros Machado V. Série

24-3251 CDD 150.195

Índice para catálogo sistemático:
1. Psicanálise

Para você.

Conteúdo

Agradecimentos

Em primeiríssimo lugar, agradeço às e aos colegas que apresentaram material clínico nos meus ateliês. Não cito nomes porque, preservando a identidade do analista, não há como identificar o paciente. A alma da Série Ateliê Clínico depende inteiramente de sua generosidade e da autorização final para a publicação.

Às e aos jovens colegas que têm participado dos meus ateliês todos esses anos. Sempre me emociono ao ver que o tipo de discussão que proponho faz sentido e confirma para todos nós a beleza da psicanálise. Foi o que me motivou a compartilhar nosso processo com o público psi.

A Fernanda de Barros Machado Borges, minha colaboradora, por sua incrível capacidade de reconhecer, em pleno processo, os movimentos mais importantes dos ateliês e transformá-los em texto. Sem essa matéria-prima preciosa seria difícil produzir esta Série.

A Gabriel Gualtieri, pela cuidadosa leitura e interlocução de cada ateliê. Um leitor qualificado que me conta como estou sendo lida – o que faz sentido e o que não faz, o que está claro e o que precisa ser mais bem explicado – é tudo de bom. É essencial.

A Bruna Paola Zerbinatti, pela quarta capa. É bom contar com uma jovem colega e amiga cuja intimidade com textos lhe permite fazer uma leitura crítica, bem como extrair as ideias essenciais. Saber ler é um talento.

A Isabel Lobato Botter e Luciana Botter, que há anos me acompanham na lida com as palavras. Fico feliz com o "retorno de AnaLisa", a jovem colega que veio ao mundo com os *Diálogos sobre a clínica psicanalítica* (Blucher, 2016). Estava sentindo sua falta. Agradeço demais pela leitura, pela ajuda com a bibliografia e pelo amoroso trabalho de revisão.

A Liana Pinto Chaves, pela amizade de tantos anos e pela generosa hospedagem por ocasião da minha estadia no Brasil no verão de 2023. Foi na tranquilidade proporcionada por seu acolhimento que foi cravada a pedra fundamental da Série Ateliê Clínico.

A Cris Rocha e Kika Levy, minhas queridas mestras na arte da gravura. Nosso reencontro a cada ano me faz sonhar. Estar grávida de um livro é também sonhar com a capa e produzir a gravura que vai ilustrá-la.

Ao maravilhoso time da Blucher, pelo entusiasmo com que acolheram a proposta.

Às minhas leitoras e aos meus leitores. Escrevo para vocês.

1. Ateliê clínico: para quê?

Nas minhas atividades de transmissão da psicanálise, identifiquei uma dificuldade que denomino *dissociação teórico-clínica*. Os colegas estudam muito, conhecem a teoria, mas de algum modo ela permanece dissociada da clínica, isto é, não chega a funcionar como ferramenta de trabalho. O que significa isso?

Significa que, por um lado, parece ser difícil usar a teoria para escutar algo para além do conteúdo manifesto do que está sendo dito em sessão. Por exemplo: o paciente fala de uma briga conjugal, e o analista tende a ficar preso na briga conjugal. Não consegue escutar, digamos, os desencontros entre o *infans* e seu objeto primário. E, por outro lado, tudo o que se estudou sobre os desencontros entre o *infans* e seu objeto primário fica preso nas páginas do livro. É como se a teoria não fosse algo vivo, que nasceu da clínica, para dar inteligibilidade ao sofrimento psíquico das pessoas a quem atendemos todos os dias.

Por que a dissociação teórico-clínica é um problema? Porque resulta no abandono de dois conceitos fundantes da psicanálise:

inconsciente e transferência. Pois se uma briga conjugal é só uma briga conjugal, perde-se a possibilidade de escutar, na descrição dos detalhes da briga ("ele fez isso", "ela disse aquilo", "não está nem aí para mim"), a transferência de uma situação inconsciente do passado para uma situação atual da vida do paciente.

Escutar o relato da briga conjugal apenas como uma *realidade*, e não como *representação da realidade* (como se fosse um sonho ou um pesadelo), torna os conceitos de inconsciente e transferência – além de tantos outros – rigorosamente desnecessários. Sem falar que se perde, ainda, a possibilidade de pensar sobre como aquele tipo de fala convoca o analista em sua contratransferência, idealmente iluminando o que se transfere para a própria situação analítica.

E tem mais. Se uma briga conjugal é só uma briga conjugal – se não há escuta analítica –, tampouco há pensamento clínico. Pensar clinicamente é organizar os elementos produzidos pela escuta analítica de modo a reconhecer as formas de sofrimento psíquico experimentadas pelo paciente, e em que tipo de relação intersubjetiva elas se constituíram. Ou seja: não basta reconhecer o que se repete. Precisamos entender como aquele sujeito foi parar lá e por que aquele funcionamento psíquico se tornou necessário.

Retomando: o inconsciente se atualiza, quer dizer, é *transferido para situações atuais* da vida do paciente. A confusão gerada por essa transferência sobre as situações atuais leva ao "pesadelo" que o paciente nos descreve sessão após sessão. Esse é o pressuposto teórico que funda a psicanálise. Quando estamos com o paciente, vamos escutar esse "pesadelo" analiticamente para tentar reconhecer o que se transfere. Quando ele narra situações em que o parceiro fez isso ou disse aquilo, a pergunta que nos ajuda a reconhecer o que se transfere é "com quem (*com que figura interna*) ele pensa que está falando?".

Se não temos os conceitos de inconsciente e transferência como pano de fundo da nossa escuta, corremos o risco de "interpretar" a própria relação conjugal, levando o paciente a concluir que a solução (e talvez o que o analista espera) é que ele se livre do parceiro abusivo. Seria uma decisão tomada "de fora para dentro", em submissão ao que o analista espera. Ou seja, seria uma atuação que poderia vir a custar caro ao paciente. Percebe-se aí o potencial iatrogênico da falta de escuta analítica.

Continuando com esse exemplo. Entendemos que se o paciente está atolado no inferno conjugal, é porque continua enroscado no objeto primário. Por isso, nós nos abstemos de julgar se o cônjuge é abusivo ou não. Enquanto psicanalistas, a única coisa que podemos fazer é ajudar o paciente a integrar os elementos inconscientes que estão sendo atuados com o cônjuge, levando ao inferno cotidiano.

Nosso pressuposto teórico é que, quando tal integração for possível, o paciente mudará de posição subjetiva em relação a seus objetos internos-externos. O mesmo cônjuge deixará de ser visto como um "opressor intolerável" e passará a ser visto apenas como uma pessoa limitada, ou como um chato. Quando isso acontece, o paciente está em condições de fazer escolhas: poderá decidir ficar ou não ficar nesse casamento. Ou seja, o ganho em liberdade interna torna o paciente apto a decidir o que é melhor para ele, e a fazer escolhas "de dentro para fora", e não "de fora para dentro".

Só para dar outro exemplo na mesma linha. Com frequência, a turbulência aparece no relato da relação do sujeito com os pais. Mesmo aí precisamos lembrar que há transferência das imagos parentais arcaicas sobre seus suportes atuais (mãe e/ou pai). Isso significa que o sujeito continua enroscado ao seu objeto primário, e que a separação sujeito-objeto não foi suficiente. Conhecemos o risco de induzir o paciente a "se separar da mãe" de "fora para dentro", isto é, sem passar pelo necessário trabalho psíquico. Não vai funcionar.

Meu ponto aqui é que a dissociação teórico-clínica pode não apenas tornar a análise inoperante como ter consequências nefastas para a vida dos nossos pacientes.

~

Há também o problema inverso: em vez da dissociação teórico-clínica, encontramos com frequência a *aplicação direta* da teoria à clínica. Dou dois exemplos.

O paciente deprimido diz que se tranca no quarto, fecha as persianas e fica lá no escuro o dia todo. Quem já ouviu aquela ideia de Winnicott de que a criança se esconde, mas espera ser encontrada, pode ficar tentado a aplicar a teoria *tal qual* ao material clínico. Interpretará, por exemplo, que o paciente está escondido no quarto esperando ser encontrado pelo analista. Mas talvez ele não esteja escondido. Talvez esteja no quarto porque perdeu as esperanças e renunciou à vida. Seria um microssuicídio, o que é bem mais grave.

Outro exemplo. O paciente está na sala de espera e escuta pela porta rumores indistintos entre o paciente anterior e o analista. Deita-se no divã e diz que ouviu murmúrios da sessão anterior. O colega já ouviu falar em cena primária e pode ser tentado a aplicar a teoria diretamente ao material clínico, interpretando "a curiosidade em relação à cena primária". Sim, pode ser isso. Mas pode não ser.

Para não correr esse risco, sempre vale a pena perguntar ao paciente o que aquela situação significa para ele. Vamos tentar entender o que ele está tentando dizer/expressar com aquele relato. Transferencialmente, *com quem ele pensa que está falando*? Enfim, há o "fato" (ouvi murmúrios), e há como ele interpreta o fato. Sem isso, não temos acesso à sua subjetividade: não sabemos como são as coisas no planeta dele, isto é, como ele enxerga o mundo e a si mesmo.

Para minimizar esses dois riscos – a dissociação teórico-clínica e a aplicação crua e direta da teoria à clínica –, precisamos trabalhar com conceitos que estejam suficientemente metabolizados e integrados pelo analista. A teoria precisa fazer parte do seu ser para que teoria e clínica se iluminem reciprocamente. Para tanto, cada um de nós precisa *criar-achar a teoria* para que ela possa ser usada na clínica de forma natural, orgânica e criativa, e não enxertada/aplicada artificialmente. Nesse sentido, a formação de uma escuta analítica depende da experiência *intelectual e emocional* de redescobrir a teoria viva na clínica.

Foi isso que me levou a propor a atividade que chamei de ateliê clínico.

~

O ateliê é mais do que um seminário clínico e menos do que um grupo de estudos. Talvez seja um híbrido dos dois. Essa atividade começou em 2007 como um seminário semestral no Instituto da Sociedade Brasileira de Psicanálise de São Paulo (SBPSP) e ganhou o mundo com a pandemia, quando passei a realizar ateliês online em diversos grupos pelo Brasil. Foram mais de oitenta entre 2020 e junho de 2023.

Quando digo "vários grupos", refiro-me não só a outras instituições – da Associação Psicanalítica Internacional (IPA) ou não –, mas também a grupos que se formam com colegas de instituições diferentes. Nesse sentido, o ateliê pode ser visto como uma microinstituição com vocação transinstitucional. Já nos aconteceu de ter, no mesmo grupo, colegas do norte e do sul do Brasil, numa alegre composição de sotaques regionais.

O ateliê clínico é, pois, uma "instituição *pop-up*", cuja impermanência faz jus ao espírito do nosso tempo: ela vem ao mundo por um curto espaço de tempo, cumpre seu objetivo e se encerra. Ao longo dos seus quatro encontros de uma hora e meia cada, sempre em torno do mesmo caso, dez colegas e eu (re)descobrimos que teoria e clínica são solidárias, uma depende da outra, uma não faz sentido sem a outra. Fazemos uma imersão no trabalho de escuta analítica e de construção de um pensamento clínico: pensar a clínica, e pensar a partir da clínica.

É uma experiência simultaneamente intelectual e emocional, e nesse sentido ela é (trans)formadora. A leveza e a agilidade desse espaço de formação psicanalítica podem perfeitamente se harmonizar com a formação oferecida pelas instituições clássicas e suas diretrizes. Não há conflitos de interesses.

Mencionei anteriormente a importância do processo de criar-achar a teoria na clínica, e a partir da clínica, para podermos nos apropriar dela. Ele nos permite transformar barulho em sentido, o que me parece uma boa maneira de descrever o trabalho do ateliê. O material clínico em estado bruto nos convoca a pensar a clínica para construir algum sentido, aproximando-nos de sua determinação inconsciente. Em outros termos, construímos teoria sob medida para dar sentido ao barulho da clínica, mas a teoria já estava lá (nos livros) para ser encontrada.

Reitero que o foco não é o caso em si, muito menos o trabalho do colega, mas o próprio processo de escutar/pensar analiticamente. Quando tudo dá certo, ao fim dos quatro encontros, integramos teoria e clínica, mas integramos sobretudo *uma disposição de espírito* – uma maneira muito particular de escutar, de pensar e de transformar o material clínico em estado bruto.

Cada ateliê nos confronta com uma realidade clínica diferente. É sempre uma surpresa, e sempre aprendo uma coisa nova. Aprendo muito só de ter que explicitar para o grupo por quais caminhos vai minha escuta do material clínico. Aprendo também quando mostro como elaboro essa ou aquela hipótese, e quais conceitos estão implícitos no meu pensamento clínico. As dúvidas e os comentários dos colegas me obrigam a pensar. Fico muito feliz quando o ateliê permite que descubram/apreciem a potência da psicanálise.

O entusiasmo com que os ateliês têm sido acolhidos pelos participantes ao longo desses anos e sua ampla divulgação "boca a boca" me levaram a propor à Editora Blucher uma série que publicasse, em vários pequenos livros, o passo a passo dessa atividade. Meu objetivo é contribuir para a formação do psicanalista de uma maneira leve, mas consistente.

Fiquei muito feliz quando a Editora encampou a proposta. Indica que reconhece a relevância de tornar pública essa atividade. Em sintonia com a nossa época, aposta no potencial didático de um trabalho que tem um formato inovador: uma microinstituição *pop-up* com começo, meio e fim. E aposta também numa proposta que atende à demanda de grande parte dos analistas em formação: como integrar teoria e clínica.

A Série Ateliê Clínico será composta de vários pequenos livros colecionáveis conforme o interesse do leitor. Cada livrinho trará o relato de três ou quatro ateliês, cada qual com sua dinâmica, com seu processo de construção de uma escuta e de um pensamento clínicos a partir do caso apresentado.

Cada ateliê é único. Ao mesmo tempo, no entanto, o leitor reconhecerá a repetição de certas ideias que caracterizam minha maneira de entender e de transmitir a psicanálise. Reconhecerá também o léxico que fui criando para conversarmos sobre teoria e clínica de uma maneira próxima, sem jargões nem afetações. Será um desafio conseguir transmitir por escrito a vivacidade da experiência emocional e intelectual compartilhada pelos participantes e por mim durante os quatro encontros de cada ateliê. Procurei escrever de uma maneira fluida e informal para conversar diretamente com os colegas que estão na lida diária da clínica.

Um esclarecimento final de ordem ética. Por questões de sigilo, não será divulgado o nome do profissional que apresentou o caso. Como conduzo esses ateliês em muitas cidades em todo o Brasil, o analista pode ser qualquer colega deste vasto país. E se não sabemos quem é o analista, é impossível reconhecer o paciente. Mesmo assim, alterei todos os dados que o/a colega considerou muito específicos. A versão final de cada ateliê foi lida pelo/a colega que apresentou o material clínico, e sua publicação foi gentilmente autorizada. Agradeço demais a todas e todos que não só me honraram com sua participação no ateliê, como tornaram a Série Ateliê Clínico possível.

2. Você sabe para que serve uma análise?

No primeiro capítulo, falei sobre o que me levou, há mais de quinze anos, a propor a atividade que chamei de ateliê clínico. Descrevi brevemente a proposta, como funciona e por que fazia sentido publicar vários livrinhos relatando o passo a passo de alguns deles.

Contudo, antes de começar a relatar os vários ateliês, achei que seria importante você, leitor, me conhecer melhor enquanto psicanalista. Por isso apresento, num longo diálogo com minha jovem colega AnaLisa, os pressupostos teóricos implícitos na minha maneira de pensar. Não se assuste: você verá que a teoria já vem encarnada na clínica. Espero que o título "Você sabe para que serve uma análise?" seja suficientemente convidativo para animar você a percorrer estas páginas.

Pessoalmente, acho que o esforço vale a pena: vai perceber que minha escuta e minha forma de trabalhar não saem da cartola. Enfim, você vai poder conhecer todos os meus "truques". Mas este capítulo não chega a ser um *spoiler*, pois cada ateliê é único, e cada caso a ser discutido levanta questões específicas.

Cabe uma ressalva. Este diálogo sobre meus pressupostos teóricos vale principalmente para casos que Green convencionou chamar de não neuróticos, e Roussillon, de sofrimento narcísico-identitário. São aqueles em que a separação sujeito-objeto, ou a diferença eu-não eu,[1] não aconteceu de modo suficiente. Na minha conta, esses casos respondem por uns 75% dos ateliês que conduzi até agora.

Mas há os 25% de ateliês em que somos lindamente surpreendidos por um funcionamento neurótico. Os pressupostos que apresento aqui não valem para esses pacientes porque, *grosso modo*, a diferença eu-não eu não é um problema para eles. Como explico no meu livro *Neurose e não neurose* (Blucher, 2019), sua dificuldade está na gestão do prazer e da agressividade. Tentarei compensar essa lacuna com o primeiro ateliê da Série, cujo título é "Crime e castigo".

~

AnaLisa: *Olá, Marion, faz tempo que não nos vemos! Se não me engano, desde aquelas nossas conversas que a Blucher publicou em 2019, os* Novos diálogos sobre a clínica psicanalítica *(Minerbo, 2019b). Soube que você está trabalhando em um novo projeto, a Série Ateliê Clínico. Acabo de ler a introdução, em que você explica para que servem os teus ateliês. Agora estou curiosíssima para ler o relato de um deles. Mesmo sem ter estado presente, imagino que vou conseguir apreender o espírito do processo.*

---

1 Aqui cabe um esclarecimento sobre tradução. Apesar de a Imago ter consagrado o uso dos termos latinos ego, superego e id, optei pela tradução da Companhia das Letras, que manteve as palavras eu e supereu em português, e apenas o id em latim, em uma tradução literal dos termos de uso cotidiano originalmente empregados por Freud: *Ich*, *Über-Ich* e *Es*, respectivamente.

Marion: Olá, AnaLisa. Muito bom te rever e contar com sua interlocução! Estou bem animada com esse novo projeto. Mas já que estamos aqui, sugiro a você uma conversa preliminar sobre o que, afinal, podemos esperar de uma análise. Será o pano de fundo teórico de todos os ateliês. Vou me referir a esses pressupostos muitas vezes.

A: *Acho que consigo conter minha ansiedade (risos). Imagino que, para seguir sua escuta analítica e seu pensamento clínico, é importante conhecer os pressupostos nos quais você se baseia. Já ouvi dizer que uma análise serve para a pessoa se conhecer, para expandir seu aparelho para pensar, para aceitar a castração, para transitar pela posição depressiva. Entendo que os vários autores formularam, cada um à sua maneira, a mesma ideia: uma análise serve para aliviar o sofrimento psíquico das pessoas. Mas, afinal, o que produz esse sofrimento psíquico?*

M: Excelente pergunta! Em função de suas referências teóricas, cada autor dá uma resposta a essa questão. Por sua (aparente) simplicidade, gosto da formulação de Roussillon (2012): "sofremos do não apropriado da nossa história, e nos curamos integrando-o". É, literalmente, o título de um artigo dele ("On souffre du non approprié de l'histoire: on guérit en l'intégrant").

A: *E o que ele quer dizer com isso?*

M: Cada um de nós tem uma história emocional. Assim que nascemos, ou até antes disso, somos confrontados com situações que se impõem. Quando os acontecimentos excedem nossa capacidade de elaboração, o que não pôde ser integrado – o que não pôde ser subjetivamente apropriado – permanece "sem sepultura simbólica" (Roussillon, 2001).

A: *Gostei do termo "sepultura simbólica". Quer dizer que esses restos não integrados permanecem como uma espécie de alma penada, produzindo sintomas e sofrimento?*

M: Exato! Como você vai ver, essa formulação ("sofremos do não apropriado da própria história, nos curamos integrando-o") tem mil desdobramentos em termos de psicopatologia psicanalítica. Espero que nossa conversa ajude a esclarecê-los. Mas voltando ao que esperar de uma análise, você tem razão: as formulações variam dependendo do referencial teórico. A que faz mais sentido para mim é o prolongamento que Roussillon propõe à conhecida máxima freudiana "Onde era id, há de ser eu" (Freud, 1932-1933/2010c). Suponho que você conheça.

A: *Conheço, sim. Gostei da tradução proposta por Paulo César de Souza para as Obras Completas publicadas pela Companhia das Letras. Soa bem melhor em português do que as outras. O que ele propõe?*

M: Ele propõe dois acréscimos: "Onde eram id e supereu, há de ser eu-sujeito" (Roussillon, 2008).[2]

A: *Interessante Roussillon ter acrescentado o supereu e o eu--sujeito. Queria compreender melhor o que ele quis dizer com isso.*

M: Vamos lá! A ideia contida nessa formulação é que uma análise tem como objetivo retomar o processo de subjetivação, interrompido por situações emocionais impossíveis de serem digeridas. Em vez de serem integradas ao eu-sujeito, são registradas no aparelho psíquico como id e supereu. São duas formas diferentes de inscrição do material a ser subjetivado ao longo do processo analítico.

A: *Hmmmm, mas é realmente necessário retomar esse processo? Por que não podemos deixar lá, como se fossem cicatrizes da nossa vida emocional?*

2 No original em francês do Roussillon, o leitor encontrará a tradução mais clássica de Freud.

M: Se fosse uma cicatriz inerte, como depois de um tombo ou uma cirurgia, seria melhor deixar quieto. Mas é uma cicatriz viva. O inconsciente é essa cicatriz viva porque produz efeitos concretos nas nossas vidas. Às vezes, esses efeitos são tão penosos que nos obrigam a procurar uma análise. Explico melhor: a importância de se retomar o processo de apropriação subjetiva do que foi vivido, mas não metabolizado, é que esses restos continuam nos assombrando e exigindo novas defesas. Além de consumir muita energia psíquica, elas embolam o meio de campo das nossas vidas.

A: *Faz sentido, Marion.*

M: E tem ainda um segundo motivo: os restos não integrados são transferidos – se atualizam – continuamente para situações do cotidiano. Essas transferências "causam", quer dizer, criam mil quiproquós, o que torna a relação com as pessoas e com a vida bem turbulenta (Minerbo, 2016a, 2020). Viu como o tal "não apropriado da nossa história" acaba produzindo sofrimento psíquico? A vida fica pesada, ou até pior: travada. As pessoas pensam que nos procuram para resolver seus problemas, por exemplo, um casamento complicado. É verdade, mas o que elas não sabem é que, para resolver um casamento complicado, primeiro é preciso entender "como foram parar lá".

A: *Acho que entendi. Antes de continuarmos, tenho uma dúvida bem elementar, mas cuja resposta, pelo que estou sentindo, será fundamental para entender o objetivo de uma análise e a proposta dos ateliês. O que você quer dizer exatamente com a expressão "processo de subjetivação"? Os psicanalistas usam muito o termo "subjetivar", mas o significado não é claro para mim.*

M: Fico feliz que você esteja à vontade para perguntar o que quiser. Mas como essa conversa vai longe, vamos precisar de alguns intervalinhos para água, banheiro, esticar as pernas…

A: *Espero que não se incomode de eu checar as mensagens no celular nos intervalos. Como estamos na segunda metade de dezembro, estou organizando uma festa de fim de ano para alguns amigos na minha casa. Cada um vai levar uma coisa. Sabe como é, né?*

~

M: As expressões sujeito, subjetivar, processo de subjetivação e apropriação subjetiva são mais usadas pelos psicanalistas de língua francesa. Que eu saiba, os autores anglófonos – Klein, Ferenczi, Bion e Winnicott – não usam esses termos. Mas, em vez de uma explicação teórica, vou dar um exemplo que vai mostrar na prática o que é, e como se dá, o processo de subjetivação.

Como já disse, a vida nos atropela de muitas maneiras diferentes. Imagine uma criança pequena que ganhou um irmãozinho. É um acontecimento que ela não tem como impedir, e é um verdadeiro terremoto em sua vidinha. Ela vai precisar fazer trabalho psíquico para digerir esse acontecimento, vai precisar elaborar o que lhe aconteceu para poder seguir em frente. Caso contrário, vai ficar eternamente parada ali, na dor e na revolta por ter perdido seu lugar. Ela adoece por causa do "não apropriado de sua história", para retomar o título do trabalho do Roussillon (2012) que citei há pouco.

A: *Imagino que se alguém lhe der uma boneca, ela pode começar a elaborar isso brincando de mamãe e filhinha!*

M: Exatamente! Mas veja bem: a criança não brinca para se divertir. Brinca porque *precisa* fazer trabalho psíquico! Vai alocar na brincadeira – ela vai *transferir para o brincar* – as emoções esmagadoras desencadeadas pelo terremoto que é ganhar um irmão. E para quê? Para fazer com que o brincar *"conte" a ela a história do que lhe aconteceu*. O brinquedo *interpreta* para ela sua situação, o que lhe permite digerir emocionalmente a experiência de ganhar um irmãozinho.

A: *Você disse que o brinquedo* interpreta *para ela o que ela viveu. Está usando o mesmo termo que usamos para falar daquilo que o analista faz com o discurso do paciente.*

M: Gosto da sua perspicácia. É exatamente isso. O brincar interpreta no sentido de que traduz, conta/mostra para a criança o que é ter um irmão para ela. E nós fazemos a mesma coisa para a criança-no-adulto.[3] Mais tarde vou te falar da importância das *historinhas*[4] que os pacientes nos contam em análise – do ponto de vista metapsicológico, elas têm o mesmo valor que o brincar. Espero que os ateliês esclareçam isso.

A criança precisa urgentemente subjetivar – integrar ao eu – material psíquico ainda não subjetivado. Segundo a fórmula que mencionei antes, é o material inscrito no id e no supereu. É graças ao brincar que ela vai conseguir sair da condição inicial de atropelada (assujeitada) pela vida e recuperar sua condição de sujeito: ser ativa e ter voz própria na narrativa de sua vidinha.

---

3 Sigo Sándor Ferenczi (1909/1991, p. 98) quando fala da criança no adulto, mas acrescento o hífen para deixar claro que se trata de um conceito: o infantil (e/ou o arcaico). É uma referência aos restos não integrados da nossa história emocional, à cicatriz viva de um passado que não passou, e que continua produzindo efeitos em nossas vidas.

4 Tenho usado o termo "historinhas", que já faz parte de um léxico compartilhado nos meus ateliês, porque parece se referir ao relato de assuntos que parecem banais e desimportantes. Ou que já ouvimos tanto que já não conseguimos escutar analiticamente. Insisto muito na riqueza das historinhas, pois é lá, na repetição delas, que está o material que, ao ser interpretado, permite ao paciente retomar o processo de simbolização interrompido pelo traumático.

Brincar é uma forma de linguagem, de modo que, mesmo sem falar nada, a criança conta a si mesma, na e pela brincadeira, o que lhe aconteceu. Consegue assim tomar distância e se descolar do terremoto. Ela se apropria de sua história. Elabora e integra o que está lhe acontecendo. Não está mais esmagada pelo acontecimento.

O acontecimento continua lá, mas ela acede a uma posição subjetiva diferente em relação a ele. E com isso entendemos o que Roussillon (2012) quis dizer com a segunda parte do título do seu trabalho: ela "se cura integrando" (subjetivando) aquilo que não estava apropriado subjetivamente.

A: *Entendo. Pode até ser muito chato ter um irmão, mas já não é um terremoto.*

M: E isso faz toda a diferença! Veja só. Quando você está na posição subjetiva "ter um irmão é um terremoto", a vida fica intolerável. Mas quando está na posição subjetiva "ter um irmão é chato", a vida é tolerável. Terremotos não fazem parte da vida. Ter um irmão, faz. Essa mudança de posição subjetiva é o objetivo de uma análise.

Vou repetir: o objetivo de uma análise é ajudar o paciente a mudar de posição subjetiva em relação aos acontecimentos que o atropelaram. Tal mudança acontece graças ao processo de elaboração e de integração da experiência vivida. Quando ele fracassa, a criança continua colada no terremoto, e o terremoto continua a lhe acontecer todos os dias. O adulto que vem para análise continua colado em algum terremoto que nunca foi subjetivado.

A: *Muito interessante esse teu exemplo. Nunca tinha pensado que é isso que uma análise pode fazer por alguém. Vou repetir com as minhas palavras. No caso da criança – suponho que seja uma criança psiquicamente saudável – o processo de subjetivação, de se apropriar subjetivamente da própria história, vai acontecendo naturalmente quando o ambiente lhe oferece condições para brincar. E isso porque a brincadeira interpreta para ela o que ela está vivendo.*

Graças ao brincar, a criança simboliza e integra o que, inicialmente, é uma experiência traumática. E quando, por qualquer motivo, esse processo fracassou, será necessário retomá-lo em análise para dar sepultura simbólica ao traumático.

M: É por isso que curto tanto conversar com você, AnaLisa! É isso mesmo: a criança que digere emocionalmente a situação consegue integrar a experiência ao seu acervo pessoal, quer dizer, ao eu-sujeito (lembra da fórmula?). Agora o eu conta com *mais um recurso simbólico para enfrentar a vida*. Nesse sentido, brincar é transformar o terremoto em ocasião para amadurecer e crescer! Não é lindo?

A: *É lindo, sim! O que não mata, engorda (risos). Então o processo de apropriação subjetiva torna o eu mais robusto. E quando isso acontece, a pessoa pode lidar melhor com os perrengues da vida. Ainda vou querer ver como esse processo acontece na análise de um adulto. Tudo isso me fez pensar também no papel e na posição do analista.*

M: Sem dúvida! É muito importante lembrar disso: o analista não está lá para ajudar o paciente a resolver os seus problemas *concretamente*, e sim para criar, na transferência, as condições necessárias para que ele (paciente) consiga fazer o trabalho psíquico necessário para resolvê-los. No exemplo que dei, alguém oferece uma boneca, mas quem tem de brincar é a criança. É ela que precisa retomar o processo de subjetivação, elaborando e integrando ao eu os restos não metabolizados de suas experiências. Da mesma forma, o analista oferece as condições necessárias: *interpreta* as histórias que o paciente conta, da mesma forma que *a boneca interpreta* para a criança o que está lhe acontecendo. Mas quem faz o trabalho psíquico é o paciente.

A: *Veja se entendi. As condições necessárias para que o paciente consiga realizar seu trabalho psíquico são criadas na vertente intersubjetiva do trabalho analítico, mas é no plano intrapsíquico que o paciente vai fazer o trabalho que lhe cabe. Então a fórmula "Onde eram id e supereu, há de ser eu-sujeito" supõe a articulação dessas duas vertentes, né?*

M: Sim, é por aí, AnaLisa. Nós vamos tomar fôlego para extrair dessa fórmula tudo o que ela pode nos dar, será um grande mergulho! Mas você não disse que tinha que checar seu celular? Não queremos que alguém esqueça da cerveja, né? Nem todos conseguem se contentar com uma Coca-Cola (risos), como no exemplo do meu livro sobre a aptidão à felicidade (Minerbo, 2023).

A: *Verdade (risos). Melhor garantir!*

~

A: *Está tudo certo do meu lado. Podemos continuar?*

M: Vamos lá. A primeira ideia contida nessa fórmula é que o processo de subjetivação implica integrar ao eu *dois tipos* de material não subjetivado: 1) O primeiro tipo são os *traços mnésicos* das experiências ainda em estado bruto (o traumático). Esse material está registrado no *id*. 2) O segundo tipo são as *identificações* com os aspectos não metabolizados do objeto. A criança não tem como digerir o que vem do inconsciente do objeto, e a identificação com esse material inconsciente constituirá o *supereu*.

A: *Claro que minha próxima pergunta só pode ser: como reconhecer na clínica esses dois tipos de material psíquico?*

M: Estou aqui para isso (risos). Vamos começar com o id: como escutar o material clínico de modo a reconhecer a atualização dos traços do traumático? Para chegar lá, preciso de uma ideia de Bion (1967/1994), segundo a qual o trabalho psíquico serve para transformar experiências emocionais ainda em estado bruto em material psiquicamente metabolizado. Ele chama o material em estado bruto de elementos-beta; eles precisarão ser metabolizados e transformados em elementos-alfa.

Pois bem: considerando o gradiente somatopsíquico, e lembrando que não existe separação mente-corpo, os elementos-beta estão inscritos na extremidade mais *corporal* do psiquismo. Como o id foi definido por Freud como instância ancorada no corpo, proponho que os elementos-beta correspondem ao id. Ou seja: o id é material inconsciente, ainda não subjetivado. Para poder ser subjetivado (psiquicamente metabolizado e transformado em elemento-alfa), esse material precisará ser *atualizado*, quer dizer, *transferido* para algum suporte *atual* – para alguma situação da vida atual do paciente.

A: *Entendi a ideia, mas o conceito de elemento beta é novo para mim. É tão abstrato que eu não entendo bem ao que ele se refere.*

M: Então vamos dar um pouco de carne a esse conceito tão abstrato. Quanto mais precoces as experiências emocionais, menos "enzimas" psíquicas a criança pequena tem e, portanto, menos tais experiências serão digeridas. Resultado: elas tendem a se inscrever no corpo na forma de elementos sensoriais pré-simbólicos. Os elementos puramente sensoriais são de vários tipos: sensações físicas, afetos, percepções visuais, táteis e auditivas, percepções de formas e movimentos. São os elementos que compuseram a experiência complexa que a mente em formação do bebê/criança pequena não conseguiu digerir. Tudo isso é elemento beta!

Os elementos sensoriais não têm representação. Por isso sua transferência na situação analítica vai se dar no nível *não verbal* do discurso do paciente. A comunicação se dará entre o corpo do paciente e o corpo do analista: ele "escuta" mais com a barriga do que com o ouvido, que é mais apto a escutar material já representado.

A: *Muito complexo tudo isso. Ainda estou tentando imaginar o que são elementos-beta. Você falou do terremoto que atinge a criança pequena que ganha um irmãozinho. Então tentei imaginar como ela vive o terremoto. Pondo-me em sua pele, imagino que, de um dia para outro, ela sofre uma inundação de elementos sensoriais:*

novos barulhos, novos cheiros, uma nova movimentação na casa, coisas percebidas, escutadas, vistas, a mãe fica totalmente diferente, o ambiente inteiro fica diferente.

A criança percebe tudo isso, mas essas percepções não se juntam à ideia "nasceu um irmão". Ela ainda não sabe o que é nascer, também não sabe o que é irmão. É por isso que esses elementos sensoriais são indigestos – traumáticos mesmo, daí tua imagem de um terremoto. Como a criança ainda não tem os recursos simbólicos necessários, a experiência como um todo não tem como ser subjetivada. Mas fica inscrita no id.

M: Perfeito, AnaLisa! Posso usar essa tua explicação sobre o que são elementos-beta? Perfeita! O próprio Bion iria querer usar (risos).

E como foi que o bebê captou todos os elementos sensoriais que você descreveu? Com o corpo! O corpo do bebê é uma esponja, absorve tudo! Por isso, eu diria que o id é a *memória corporal* dos elementos-beta ligados ao traumático. Freud falou em *traços mnésicos*. Em análise, esses elementos vão aparecer *infiltrados nas historinhas* que o paciente conta. E o analista poderá dar um sentido a eles: *ah, então foi assim que ele viveu o nascimento do irmão*! Estou usando um exemplo simples, mas tente imaginar os elementos-beta resultantes do convívio com uma mãe psicótica!

Você me dá uns minutos, AnaLisa? Estou morrendo de vontade de um café com uma fatia de panetone. Só duas loucas como nós para trabalhar no fim de dezembro!

A: *Você tem aquele com gotas de chocolate (risos)?*

~

A: *Você falou nos elementos-beta resultantes do convívio com uma mãe psicótica. Imagino que isso seja vivido como um terremoto totalmente diferente do que estávamos falando. E ainda mais difícil de digerir. Mas por que isso é importante? O que aconteceria se esses elementos-beta permanecessem como matéria psíquica em estado bruto?*

M: Excelente pergunta! Vou retomar a analogia com o terremoto. Eu disse que a criança precisa conseguir alguma distância para se descolar do terremoto. Isso acontece quando ela se apropria subjetivamente de sua história emocional. Caso contrário, ela continua colada no terremoto, que continua a lhe acontecer todos os dias, mesmo já tendo transcorrido muito tempo. Ela vive presa dentro de um pesadelo.

Então, para responder à sua pergunta: quando os elementos-beta ligados ao terremoto permanecem como matéria psíquica em estado bruto – quando não são subjetivados –, eles retornam de forma alucinatória: ISSO está me acontecendo agora, ISSO continua me acontecendo. A criança-no-adulto sofre tudo outra vez! Igualzinho! Zero possibilidade de recuo, pois, como eu disse, ela continua presa no pesadelo.

Todos nós sabemos muito bem que, enquanto estamos em um pesadelo, acreditamos que todo aquele horror está nos acontecendo de verdade! É muito diferente do material que retorna como sonho ou como rememoração – eu vivi tal coisa terrível, era como se tal coisa terrível estivesse acontecendo comigo. Se a pessoa pudesse formular assim, o material já estaria em outro plano de simbolização. Já estaria subjetivado.

A: *Mas, Marion, você disse que a criança-no-adulto fica presa no pesadelo. Se ela está sonhando, já não haveria aí um trabalho de pensamento/simbolização dos elementos brutos?*

M: É que eu diferencio sonho de pesadelo. Claro que, ao pé da letra, os dois acontecem enquanto dormimos. Mas estou usando esses termos em outro sentido. Pesadelo significa uma vivência angustiante/aterrorizante ligada ao retorno alucinatório do traumático (Roussillon, 2014).

A: *Como assim?*

M: Os traços mnésicos do passado traumático se atualizam, se tornam atuais porque *são transferidos* para situações do presente. Isso significa que eles recobrem ou se infiltram em certas situações da vida do paciente que serão então percebidas alucinatoriamente. No pesadelo – dormindo ou acordado – a angústia e o terror são vividos como realidade inquestionável. Nesse sentido, é uma experiência alucinatória. Você vai ver isso nos ateliês.

A: *Entendi. Então, nesta nossa conversa, sonho e pesadelo são duas noções distintas. Poderíamos dizer que o pesadelo é a experiência de terror produzida pelo retorno alucinatório de experiências traumáticas em estado bruto, mesmo se a pessoa está acordada. E que as imagens do sonho já são o produto de um primeiro trabalho de elaboração.*

M: Perfeito! O sonho é feito de elementos-alfa. O pesadelo, de elemento beta. Portanto, zero apropriação subjetiva, zero trabalho psíquico de transformação da experiência. O sujeito continua colado no pesadelo – ou o pesadelo fica colado nele – justamente porque esse trabalho não foi possível. Já as imagens do sonho – elas já são *representação* – indicam que houve trabalho psíquico (Freud fala em *trabalho do sonho*) e que um primeiro nível de apropriação subjetiva foi possível.

A: *Aqui um exemplo seria muito bem-vindo.*

M: Concordo. Exaltadíssimo, o paciente descreve o dia a dia com um chefe que é um opressor/abusador intolerável. "Fez isso, disse aquilo." Tudo é evidência inquestionável de que ele está nas mãos de um monstro. Tudo está *pulsionalmente fervendo*.

A: *Como assim?*

M: O paciente sente um *ódio mortal do chefe-monstro*, e *um verdadeiro terror* de ser despedido e ir parar na sarjeta (o que é o mesmo que morrer). Às vezes tem medo de pular no pescoço do chefe de tanto ódio – medo de não controlar seus impulsos, já que o ódio é um afeto em estado bruto.

É isso que estou chamando de *viver dentro de um pesadelo*. Imagine o que é reencontrar o objeto traumático do passado na pele do teu chefe! É muito diferente do paciente que descreve o dia a dia com um chefe "meramente" autoritário e chato.

A diferença é gigantesca: quem tem um chefe chato não vive dentro de um pesadelo. Não há uma angústia de morte constante. É *só* um ambiente de trabalho desagradável. Ele pode sentir raiva do chefe, e medo de ser despedido, mas raiva e medo fazem parte da vida. E ninguém pula no pescoço do outro de raiva. Isso só acontece quando se trata de ódio.

A: *Ah, exatamente como no caso da diferença entre "ter um irmão = terremoto" ou "ter um irmão = que coisa chata"! Obrigada. Esses exemplos são ótimos para compreendermos o que você quer dizer quando trata o pesadelo como analogia para falar de retorno alucinatório do traumático. De fato, é muito diferente alucinar o chefe como uma nova versão em carne e osso do objeto abusador e conseguir a distância necessária para perceber (sem alucinar) que ele é apenas um chato.*

M: E tem mais uma coisa muito importante. Falei em retorno alucinatório do traumático, mas ninguém alucina um chefe-monstro se o homem for um doce de pessoa. Para alucinar o monstro, o chefe precisa ter características reais que facilitem a *percepção alucinatória*. Há uma percepção da realidade: o paciente está descrevendo um chefe que provavelmente é uma pessoa difícil. Mas a percepção se torna alucinatória quando os traços mnésicos do objeto abusivo do passado *se infiltram* na pessoa difícil de hoje. Nosso paciente reencontra esse objeto em carne e osso no chefe. Ou, se você preferir, lê o chefe à luz desse objeto, que se torna então mal-assombrado. O cotidiano com esse chefe se torna turbulento e absolutamente intolerável. Quem consegue conviver com uma assombração?

A: *E eu suponho que, durante o processo de análise, apareçam muitas situações mal-assombradas. Brincando com sua ideia, o paciente acende a luz e vê que aquela assombração é apenas um chefe chato.*

M: Não tinha pensado nisso. Só que, para acender a luz, nós e o paciente teremos que suar a camisa. Ele vai trazer muitas situações mal-assombradas, e nós vamos reconhecer que se trata sempre da mesma. O paciente conta mil versões do mesmo pesadelo. É importantíssimo reconhecermos que é sempre mais do mesmo.

Você já entendeu por que preciso tanto do conceito de *retorno alucinatório do traumático*! Estou insistindo nisso para evitar que a gente se perca no matagal de material clínico. E para reconhecermos, na repetição, os traços mnésicos do traumático inscritos no id.

A: *Agora sou eu que preciso de uma pausa para digerir tudo isso. E para dar uma olhada no meu celular (risos)! Quero ver quem confirmou presença na festa.*

M: Vai lá!

~

M: Para a gente não se perder: ainda estamos trabalhando em cima da tua pergunta sobre como reconhecer no material clínico os elementos traumáticos inscritos no id. Como vimos, são os elementos que precisam ser subjetivados para o paciente se descolar do pesadelo no qual ele vive.

Nas supervisões e nos ateliês, batizei de *historinhas* os relatos que (quase) todos os pacientes fazem sobre sua vida cotidiana. Escolhi esse nome porque o material parece banal e nem sempre é valorizado como se deve. Muitas vezes os colegas ficam impacientes e não sabem muito o que fazer quando, em vez de "falarem de si", os pacientes falam do trabalho ou do cônjuge. É justamente aí que entra a escuta analítica: temos de saber escutar as historinhas analiticamente, e então veremos que elas se mostram muito mais relevantes do que aquele material em que o paciente "fala de si", da infância ou dos pais.

Enfim, as historinhas descrevem cenas ou situações de trabalho, namoro, filhos, pais, vizinhos, em que *alguém está fazendo alguma coisa com alguém* ou *dizendo alguma coisa para alguém*. Nosso pressuposto número um é o seguinte: se o paciente está trazendo aquilo é porque, de alguma forma, é material pulsionalmente quente, ou seja, contêm material inconsciente pressionando em busca de simbolização. Caso contrário, não viraria material clínico. Nem estaria no radar dele. É claro que certos silêncios, omissões e vazios são muito significativos, mas eles também contêm historinhas, *só que em negativo*.

Repito, porque muitas vezes nos esquecemos: qualquer paciente pode falar de infinitas coisas. Se ele escolhe falar daquilo, ou se ele precisa não falar daquilo, é porque se trata de material psiquicamente relevante e significativo, mesmo se não conseguimos reconhecê-lo de imediato como tal.

A: *Se entendi bem, o retorno alucinatório do traumático se apresenta como material pulsionalmente quente. Poderia falar um pouco mais sobre isso?*

M: O paciente se agita no divã ou na poltrona, seu tom de voz acompanha o que está descrevendo. Tudo vem com uma enorme intensidade afetiva porque ele está *revivendo* a situação-pesadelo. No retorno alucinatório não há o recuo que poderia ser proporcionado por representações de caráter simbólico (não há "como se"), atenuando a intensidade dos afetos.

A: *Entendo o que você quer dizer. A historinha traz material inconsciente ainda não subjetivado. É bem interessante essa sua observação de como conteúdos aparentemente banais, quando escutados como retorno alucinatório do traumático, presentificam os elementos que estão à espera de simbolização.*

M: Quando estiver lendo os ateliês, vai ver como isso funciona na prática. Toda historinha tem personagens. Eu os escuto como *avatares*. Pode ser um avatar da criança nele, ou um avatar de algum aspecto de sua figura parental.

A: *O que você quer dizer exatamente com "avatar"?*

M: Dá para ver que você não é fã de jogos eletrônicos! O avatar é uma representação virtual do jogador. Mas é tão real que o jogador sente tudo o que o avatar sente. Por exemplo, se angustia e tem taquicardia quando o avatar está para morrer. Mas há uma diferença importante. Se, no jogo, o jogador tem consciência de sentir na própria pele tudo o que o avatar vive, aqui o avatar é o suporte transferencial do que o paciente viveu, *mas sem saber que viveu.* Quando vive situações traumáticas, ele se desconecta da dor para sobreviver psiquicamente.

A: *Essa analogia que você fez me remeteu ao meu trabalho com crianças. Os bonecos e os bichinhos da caixa de ludo das crianças pequenas funcionam como suporte transferencial, ou delas, ou da figura parental.*

M: É exatamente isso. Muitos dos personagens que o paciente traz para a sessão nas historinhas podem ser escutados como suporte transferencial de um sofrimento que se desconhece enquanto tal. As historinhas sempre podem ser escutadas como expressão de material inconsciente (do id) a ser simbolizado.

A: *Se você está chamando de transferência o material que aparece nas historinhas – ou, no caso das crianças, para os personagens de suas brincadeiras –, como fica a transferência em relação ao analista? Não seria ela, afinal de contas, o "motor do tratamento", como disse Freud?*

M: Essa sua observação é importante. Freud definiu a transferência duas vezes. A primeira foi quando falou do método da associação livre, em *A interpretação dos sonhos* (Freud, 1900/2019). Era a transferência da intensidade do material recalcado de uma representação a outra. A segunda definição está no caso Dora (Freud, 1905[1901]/2016b), quando a transferência foi definida em relação ao analista.

Green (1984) pegou essas duas transferências e propôs chamar a primeira de transferência sobre a linguagem (referindo-se às representações que aparecem na associação livre – as historinhas) e a segunda de transferência sobre o objeto. Na verdade, não são duas transferências, mas uma *transferência dupla*: as duas acontecem ao mesmo tempo.

A historinha pode ser *interpretada em seu conteúdo* como um sonho. Ao mesmo tempo, a fala tem uma dimensão agida, ela convoca o analista. E aqui entra em cena a contratransferência. Sendo complementar à transferência, traz elementos que permitem reconhecer que cena está rolando e que personagem o analista está encarnando inconscientemente.

Veja só, AnaLisa: 1) transferência de material recalcado ou clivado para as historinhas – sonhos ou pesadelos; 2) transferência como força que convoca o analista a participar da cena que é uma repetição do traumático a ser simbolizado. Inconscientemente, ele estará sendo / fazendo / dizendo algo em identificação com um aspecto patogênico da figura parental. Nos ateliês, costumo dizer que vou abordar a transferência em seus dois *fronts*. Dependendo do material clínico, um dos dois pode estar mais em evidência do que o outro.

Só mais uma coisa em relação às historinhas. Como mencionei, algumas podem ser escutadas como se fossem um sonho. Você vai ver isso no ateliê "Crime e castigo", em que a paciente apresenta uma organização predominantemente neurótica. Outras podem ser escutadas como um pesadelo, e então funcionam como via régia para acessar o traumático. Isso estará no volume 2, no ateliê "Odeio meus pais!".

A: *Ainda não fiquei satisfeita com sua resposta. E como fica então a transferência sobre o analista?*

M: Pode levar bastante tempo até conseguirmos reconhecer o que se passa nesse *front*. E isso por um bom motivo. Ficamos tomados pelas historinhas até perceber que o material é sempre o mesmo e que estamos andando em círculos. É hora de mudar o foco da escuta. Em vez do conteúdo, vamos prestar atenção à dimensão agida da fala – de que jeito a fala do paciente convoca no analista uma resposta que seria não analítica – e que, idealmente, ele não deveria dar porque repetiria a resposta da figura parental. Ou seja: o foco passa a ser a contratransferência. Contudo, muitas vezes ela também é inconsciente.

A: *Xi! E aí?*

M: Nos ateliês, costumo tentar dois caminhos. Para acessar a contratransferência, não adianta muito perguntar o que o/a colega sente. O que nos interessa não é bem "sinto irritação, sinto tédio", e sim "Como você se sente convocado por esse paciente? O que ele quer de você? Se você não fosse analista, o que você teria vontade de dizer ou fazer?".

Vamos ver que a raiva e o tédio estão ligados a uma cena em que estamos envolvidos, em que temos um papel que nos compete reconhecer. Estamos interessados não exatamente nas emoções, mas nas *posições identificatórias complementares* que paciente e analista estão ocupando na cena. Inicialmente, tudo isso é inconsciente. Já os afetos (raiva, tédio) são conscientes, por isso, em si mesmos, dizem pouca coisa sobre a transferência.

Outro caminho que costumo usar para tentar acessar a transferência com o analista é uma perguntinha que faço ao/à colega que apresenta o caso: "Com 'quem' teu paciente pensa que está falando? Para 'quem' ele está contando tudo isso? E para quê?". Aqui, estou tentando identificar quem é o *destinatário transferencial* da fala dele.

A: *Vamos tentar organizar um pouco tudo isso? Mas antes preciso ligar para a amiga que ficou encarregada da cerveja. Vou pedir para ela providenciar Aperol porque tem gente que não curte cerveja. Marion, se quiser vir, será um prazer!*

M: Obrigada. Viajo amanhã para a praia das Cigarras, conhece? É em São Sebastião.

~

A: *Vou resumir com minhas palavras o que entendi dessa última parte da nossa conversa. As historinhas podem ser escutadas como se o paciente estivesse contando um sonho ou um pesadelo. Ao mesmo tempo, elas estão convocando o analista em sua contratransferência: ele se sente convocado a dar uma resposta não analítica, que é justamente a que perpetuaria a repetição da situação traumática que precisa ser simbolizada. É a dupla transferência de que fala Green.*

M: É isso mesmo, AnaLisa. Descobri um vídeo no YouTube em que o psicanalista Danon-Boileau complementa essa minha ideia falando da abordagem técnica nessas duas situações, lembrando que, a cada momento, uma pode estar mais em evidência do que a outra (International Psychoanalytical Association, 2021).

Quando estão diante das historinhas, paciente e analista se colocam *lado a lado* e olham juntos para as imagens da cena pulsionalmente quente que está sendo descrita. A interpretação visa ao seu conteúdo e tenta oferecer elementos que o paciente possa usar para retomar o processo de simbolização primária. Seria o *front* do nosso trabalho de subjetivação de material inconsciente registrado no id.

E quando o analista se sente convocado (direta ou indiretamente), os dois estão *frente a frente*, interagindo inconscientemente numa cena pulsionalmente quente, como no teatro. A interpretação visa iluminar a posição subjetiva que cada um ocupa na cena. Ao iluminar a contribuição de cada um na repetição, a interpretação tenta desenroscar a criança-no-adulto de seu objeto primário. Idealmente, as identificações que determinam a posição subjetiva de cada personagem na cena podem ser desconstruídas. É o *front* do nosso trabalho com o supereu. Daqui a pouco vamos falar mais sobre tudo isso.

A: *Abrindo um parêntese aqui rapidinho, Marion. Você mencionou a simbolização primária. Outro dia, enquanto lia um artigo, fui ao Google para ver se ele me ajudava a esclarecer esse conceito. Sabe que achei uma ótima definição no verbete da Wikipédia em francês?! Quer dizer, eu acho que é uma boa definição (risos). Mas me diz você o que acha do dr. Google e da Wiki.*

"A simbolização primária é um conceito proposto por Didier Anzieu e retomado por René Roussillon. Este conceito designa as primeiríssimas formas de simbolização ao longo do desenvolvimento do infans. *A simbolização secundária estaria na origem*

do paradigma da psicoterapia psicanalítica, no sentido de que os primeiros pacientes sofriam de uma falha da simbolização no nível pré-consciente, e não do sistema inconsciente. Nesses casos, as representações estão presentes, e o trabalho analítico visa integrá-las no sistema consciente. A falha na simbolização primária se caracteriza pela falta de representações no nível do sistema inconsciente. Esse trabalho exige, então, uma passagem pelo ato, necessária para o desenvolvimento de tais representações."[5]

M: O verbete está muito bom mesmo! E se foi você quem traduziu, o seu francês também está ótimo (risos). Trabalhei esse tema no capítulo "Trauma e simbolização", do livro *Diálogos sobre a clínica psicanalítica* (Minerbo, 2016b). É todinho sobre simbolização primária. Modéstia à parte, é bem esclarecedor, tem muitos exemplos, enfim, você já conhece meu estilo.

A: *Legal! Vou ler sim. Mas voltando ao ponto em que estávamos, que eram 1) as historinhas tomadas em seu conteúdo, como sonho ou pesadelo, e 2) a fala do paciente tomada em sua força de convocação de uma resposta em identificação com uma figura interna do paciente. Entendi que o primeiro recorte ajuda no trabalho de subjetivação do id, enquanto o segundo, do supereu. Queria te apresentar três situações da minha clínica em que o conteúdo da historinha me mobilizou mais do que a contratransferência. Sei que as duas vêm juntas, mas queria falar de historinhas em que reconheci totalmente sua ideia de que parecem o relato de um pesadelo.*

M: Acho uma excelente ideia. Como sabemos, a escuta das historinhas (do tipo pesadelo) como retorno alucinatório do traumático é o primeiro passo para ajudar o paciente a retomar o processo de

5 Tradução livre do verbete recuperado de: https://fr.wikipedia.org/wiki/Symbolisation_primaire.

subjetivação interrompido pelo traumático. Vamos aos casos, sou toda ouvidos!

A: *Oscar*[6] *é um empresário de mais ou menos 60 anos, casado. Saindo da casa de massagem que frequentava, uma das moças o abordou pedindo carona. Ele se espantou com sua atitude. Sabia que não tinha que ter dado a carona, mas deu. Encontraram-se durante meses até perceber que ela pretendia dar o golpe do baú. Encerrou o caso, mas ficou arrasado. Não por ter sido rejeitado, nem porque a esposa descobriu, mas porque morreu de vergonha por ter sido tão otário, por não ter percebido o que estava acontecendo. A vergonha era tanta que Oscar pensava em se matar ou mudar de cidade.*

M: Lindo exemplo de retorno alucinatório do traumático. A massagista assumiu uma postura ativa no sentido de seduzi-lo para tentar dar o golpe do baú. Até aqui temos uma *percepção*. Mas a intensidade da reação e os afetos em estado bruto indicam que a situação está mal-assombrada. Está infiltrada por elementos *perceptivos*, portanto *alucinatórios*. São elementos-beta herdeiros de alguma situação do passado que ficou sem elaboração. A situação com a massagista acordou traços mnésicos do traumático, de tal forma que ele se retraumatiza. Só assim dá para entender por que ele fala em se matar ou mudar de cidade.

A: *E qual poderia ser este traumático? Em que ponto do meu relato você escuta essa dimensão?*

M: Dois pontos chamaram a minha atenção. A palavra "otário", junto com a passagem "não percebeu o que estava acontecendo", indicam que Oscar viveu a situação como *humilhação narcísica intolerável*. Vamos precisar de mais associações do paciente para começar a elaborar essa humilhação.

---

6 Uma versão mais completa do caso foi publicada originalmente em Almeida (2023).

A: *Ele trouxe mais associações, nessa mesma sessão. Era criança – devia ter uns 6 anos – e gostava de brincar com um primo mais velho. Num dos muitos churrascos de domingo, o primo o convidou para brincar atrás da casa, e lá abusou sexualmente de Oscar. Nunca mais tinha pensado nisso até o caso da massagista. Agora, para usar a tua expressão, a cena de infância colou nele e não desgruda mais.*

M: A situação é perfeita para a gente entender que a vergonha não está sendo vivida como lembrança, com certo distanciamento. A humilhação da situação com o primo está acontecendo de novo! Veja a intensidade, veja como o afeto está pulsionalmente quente!

A: *Verdade. Ele trouxe ainda mais uma associação: foi para a Turquia a trabalho. Estava almoçando e foi abordado por um homem que o convidou a ir em algum lugar. Ele foi tão solícito e insistiu tanto que Oscar aceitou. Foram a um bar afastado do centro. Lá havia vários homens que pareciam da máfia russa, e garotas de programa. Ele pediu uma cerveja, mas logo quis ir embora. Apresentaram uma conta de 2 mil dólares pela bebida. Pagou para não acontecer coisa pior. Sentiu-se um otário, porque sabia que não deveria ter ido, mas foi.*

M: Mais uma associação em que Oscar se sente otário por fazer uma coisa que, de alguma forma, sabia que não deveria ter feito. Muitas vezes, AnaLisa, caberá ao analista sonhar o pesadelo do qual o paciente não consegue acordar. Estou usando o conceito de *rêverie*, de Bion (citado por Sandler, 2021), um autor que atribui essas imagens oníricas ao trabalho psíquico do analista. Ogden (2001) vai além e coloca a *rêverie* do analista como produção do próprio campo transferencial-contratransferencial, quer dizer, como criação conjunta dos inconscientes do paciente e do analista.

Quando você foi contando esse caso, junto com as associações de Oscar, a imagem que insistia na minha mente era a seguinte: um homem sai com uma travesti achando que é uma mulher. Só descobre que é um homem quando estão na cama. Ele morre de vergonha, e se sente um otário por não ter percebido que era um homem travestido de mulher.

Percebe que era uma alucinação? A massagista era apenas uma mulher mais ousada, mas o retorno alucinatório fez com que ele visse ali um homem travestido de mulher. E isso é intolerável para o narcisismo dele. Não é de admirar que ela tenha ficado mal-assombrada!

A: *Pensei também em outra coisa. Será que a humilhação não foi também perceber que ele se sentiu atraído justamente pela atitude "masculina" da mulher?*

M: Muito bem pensado! Ele ficou com a massagista "sem querer, querendo" justamente sua atitude masculina. Sei que não é isso que você quer discutir agora, mas quero mencionar como seria a escuta da historinha tomada em sua outra vertente, a da convocação transferencial. Imagino que você tenha captado a *vergonha* dele em contar tudo isso *para você*. Ele deve estar com medo de que *você o veja* ou como um otário, ou como um gay. Você como suporte de um objeto interno, que fique bem entendido!

A: *Sim, é bem isso. Muito bom poder discutir meus casos com você. Posso trazer mais um? Ops, só um minuto! Me mandaram uma mensagem. Preciso responder, espero que não se importe. Amigos dos amigos se sentindo excluídos da festa…*

~

A: *Pronto. Quero te falar de Biba, uma médica de uns 30 anos que me procurou porque vinha tendo crises de pânico. Sempre ouviu a mãe, que já tinha filhos, dizer que tinha vergonha de estar grávida dela – Biba – aos 39 anos. E que tinha medo de que ela, o bebê ou ambos morressem no parto. Sua mãe também insistia em dizer que nunca tinha sido tão feliz como depois que ela nasceu. Sua ideia inicial era fazer residência em obstetrícia. Mas, no primeiro dia que foi chamada para ajudar num parto complicado – tanto a mãe quanto o bebê corriam risco de morte –, entrou em pânico, foi embora e nunca mais voltou.*

M: É bizarro alguém querer fazer residência em obstetrícia e não aguentar o primeiro parto complicado que apareceu. Deve ter deparado com alguma situação que estava mal-assombrada para ela.

A: *Por isso quis trazer o caso para discutir com você. No fim, ela fez residência em pediatria e agora trabalha no SAMU. Seu trabalho é salvar pessoas em acidentes de todos os tipos. Suas sessões são povoadas de relatos aterrorizantes dos casos a que atende.*

M: Ah, os pesadelos se repetem!

A: *Sim, Marion. Biba traz relatos e mais relatos de situações que parecem filmes de terror. Contou que foi chamada para socorrer uma mulher que ficou presa nas ferragens do seu carro depois de bater num caminhão. Lutou muito para conseguir salvar a mulher. Outra historinha foi sobre ter sido chamada para socorrer pai e filho que ficaram presos em um encanamento de gás. Quando chegou lá, os dois já estavam mortos.*

Biba também traz "lembranças" da sua infância. Considerando nossa conversa, arriscaria dizer que não são lembranças, mas percepções alucinatórias. Elas presentificam alguma experiência que se perdeu nas brumas do tempo, e que dá às cenas o caráter de pesadelo. Duas delas me marcaram muito.

Na primeira cena, a filha da vizinha tinha caído dentro de um poço no jardim da casa. Tentaram resgatá-la durante dias, mas não conseguiram porque havia risco de desabamento das paredes do poço. A criança acabou morrendo e a mãe de Biba entrou em pânico, achando que a criança era Biba.

Na segunda, Biba devia ter uns 6 anos. Entrou correndo na sala de casa toda suja de barro. Havia ali uma cristaleira cheia de copos de cristal e outros objetos delicados. Ela se lembra vivamente da mãe e da irmã olhando paralisadas para ela. Hoje, imagina que estavam antevendo a cristaleira e tudo o que tinha dentro dela em cacos.

M: Você está certíssima na sua interpretação dessas historinhas. Todas podem ser ouvidas como percepções alucinatórias. É material inscrito no id recobrindo, isto é, se infiltrando na percepção das situações do seu cotidiano. Elementos-beta, herdeiros do passado traumático, se reapresentam alucinatoriamente em busca de simbolização. Onde era id, haverá de ser eu-sujeito. Esse material precisa ser subjetivado para parar de se repetir, para Biba poder sair do pesadelo em que está presa.

A: *Sabe o que eu imagino quando escuto o conjunto dessas historinhas? Imagino um parto encruado, em que a criança (ela) morre ou quase morre: a pessoa entalada nas ferragens do carro, pai e filho entalados no encanamento de gás, uma criança entalada num poço, copos de cristal dentro da cristaleira-útero que podem quebrar. Acho que isso é sonhar o pesadelo no qual ela está presa. É a tal rêverie de que falam Bion (citado por Sandler, 2021) e Ogden (2001).*

M: Perfeitamente! Seu trabalho com Biba está a pleno vapor! Dá para ver a qualidade do seu trabalho psíquico, isto é, da sua capacidade de transformar pesadelo em sonho, de transformar em representação onírica os elementos sensoriais do pesadelo. Em algum momento imagino que você poderia oferecer a ela a representação de um parto encruado para ver se ela se apropria subjetivamente dessa história de terror. Eu acho que tem a ver com as fantasias da mãe em relação ao parto de Biba.

A: *Estou achando tão bom comentar esses casos, que acho que quero trazer mais um! Prometo que, por ora, será o último!*

M: Vamos lá! Com ou sem intervalo?

A: *Com! Preciso dar um pulinho no banheiro.*

A: *Aqui vai o terceiro caso que queria discutir com você. Isa está enroscada na relação com uma tia de primeiro grau, com quem teve um caso erótico-amoroso. A tia se diz apaixonada, se separou do marido e quer se casar com ela. A coisa toda é muito bizarra e tem um tom claramente incestuoso. A tia tem filhos que parecem não existir para seu psiquismo infantilizado. Faz de tudo para seduzir Isa, e isso a mantém capturada nessa relação.*

M: Podemos escutar essa tia como representação da figura materna. A criança em Isa está enroscada porque não consegue elaborar as mensagens enigmáticas que provêm do psiquismo materno. Nos termos de Laplanche, as mensagens sexuais que recebe do psiquismo materno são intraduzíveis porque há elementos incestuosos inconscientes sendo atuados pela tia. O que mais sabemos de Isa?

A: *Com muito esforço, ela se afastou da tia para não sucumbir aos seus apelos sexuais. Mas não adiantou, pois seguiu se debatendo com esse objeto interno incestuoso e, na minha leitura, a sua vida amorosa não vai para a frente por causa disso. Selecionei duas historinhas que, a partir da nossa conversa, têm cara de material mal-assombrado. Veja o que ela diz na primeira: "Fico muito incomodada com pessoas que comem de boca aberta. Me dá nojo ter que ficar olhando os dentes sujos e muitas vezes estragados, a comida sendo mastigada, a língua, os cheiros".*

M: Você vai achar que estou viajando na maionese, mas a escuta analítica é assim mesmo. Escutando essa historinha, imagino Isa olhando, *siderada*, para uma boca/vagina que saliva. Há algo de *inquietante* nessa boca, que ela traduz como nojo ou incômodo, e que, para mim, indica o retorno alucinatório do traumático. Ela percebe alucinatoriamente que seu objeto não consegue conter dentro de si elementos de sua intimidade psíquica. Ela enxerga a língua, os dentes, a saliva, o gozo, enfim, sua sexualidade a céu aberto. *Os traços perceptivos e sensoriais* da experiência traumática de ser exposta ao desejo incestuoso do adulto infiltram a situação atual.

A: *Não está viajando na maionese, não. Complementando o que você está dizendo, ela fica incomodada porque a tia, representante da figura materna, deveria "comer de boca fechada", quer dizer, deveria ter suas fantasias incestuosas bem recalcadas.*

M: Perfeito! Como isso não acontece, a criança em Isa se vê diante da sexualidade escancarada do adulto, que transborda como atuação. É por isso que ela está capturada na teia do desejo incestuoso!

A: *Escute só a segunda historinha que Isa contou. Acho que é o mesmo pesadelo. "Fico muito incomodada com o rapaz que trabalha na mesma sala que eu. Ele fica o tempo todo amassando um copo de plástico descartável e fazendo barulho. Como está sempre ouvindo música com fones de ouvido, não percebe que está fazendo barulho. Mas eu, que estou ali do lado, sou obrigada a ficar ouvindo aquilo e não consigo me concentrar no meu trabalho."*

M: Nessa passagem, não há uma imagem como a boca/vagina que saliva a céu aberto, mas um *barulho contínuo* que o objeto produz sem perceber. Veja, é outro tipo de elemento beta sensorial! Aqui é uma percepção auditiva. Nem Isa consegue ignorá-lo, nem é simplesmente uma coisa chata a ser resolvida. Em vez disso, a historinha indica que ela fica ali, *siderada* pelo barulho, o que indica que algo ligado ao traumático está *infiltrando* a cena. Mais uma vez ela usa a palavra *incômodo* para dar nome ao retorno alucinatório do traumático.

A: *Podemos supor que tanto o desejo incestuoso da tia, a boca que saliva a céu aberto, como o rapaz que faz barulho sem perceber pertencem à mesma série? Quero dizer: será que eles compõem um mesmo conjunto de significantes enigmáticos que Isa não consegue traduzir?*

M: Entendo que sim. Vimos uma série psíquica no caso de Oscar, e também no de Biba. Aqui também. Assim como a saliva, o barulho que o rapaz faz com o copo, e no qual Isa fica ligadíssima, indica que o objeto não consegue conter dentro de si a agitação pulsional que o atravessa. Essa agitação transborda e é evacuada para a motricidade: ele não para de mexer no copo descartável. Ele está ouvindo música e não percebe nada. À escuta analítica, ele não faz contato nem com seus próprios estados mentais, nem com o que transborda para cima dela. Sobra para a criança nela tentar conter e transformar uma inquietação que pertence ao psiquismo do outro.

A: *Então é como se ela se perguntasse: por que ele se agita tanto? O que ele não consegue conter dentro de si? Será que é minha presença que o deixa excitado?*

M: Exatamente. E, não por acaso, Isa não consegue se concentrar e fazer seu trabalho: o trabalho psíquico para tentar *traduzir* o barulho do psiquismo do seu objeto consome a energia que poderia estar sendo investida na própria vida. Os significantes enigmáticos precisarão ser subjetivados para que Isa consiga se desenroscar do seu objeto interno/externo, representado pela tia.

A: *Frente a uma situação vivida como bizarra, é comum os pacientes se perguntarem: "de onde me vem isso?". Agora já sei. Vem do id.*

M: Fico muito feliz quando, em vez de ficarem dissociadas, teoria e clínica se iluminam reciprocamente. Para mim é sempre uma experiência intelectual e emocional inesquecível. Teus casos ilustram maravilhosamente como elementos sensoriais ligados ao traumático, inscritos no id, se atualizam em situações do cotidiano, conferindo a elas uma aura mal-assombrada, ou bizarra, ou enigmática.

A: *Agora a pergunta que não quer calar. O que fazer com o que acabamos de falar? Como podemos usar isso na clínica?*

M: Claro, tudo o que vimos até aqui tem que reverter para a clínica. Não podemos fazer nada além de propor interpretações, torcendo para que o paciente consiga usá-las para retomar o processo de simbolização.

Pode-se dizer a Oscar algo na linha de que parece que ele morreu de vergonha por ter curtido uma massagista masculinizada. E que morreu de vergonha de sua analista ficar sabendo disso. Quem sabe a massagista era só uma mulher moderna e ousada? Há homens que curtem, e outros que não. Nós interpretamos, e esperamos para ver o que ele faria com a interpretação.

No caso de Biba, a analista sonha – dá sentido – ao pesadelo. "Parece que você se vê morrendo no teu próprio parto." Quem sabe ela associa com o fato de que sua mãe não queria estar grávida aos 40 anos? Interpretamos, e esperamos para ver o que ela faria com isso.

No de Isa, sonhar sua captura pelo desejo incestuoso da figura materna atuado a céu aberto. Podemos interpretar: "essa boca que saliva, que você descreveu, me pareceu uma vagina que saliva". Quem sabe ela associa com a tia, que a deseja sexualmente quando a vê?

A: *Entendo. Na primeira tópica, o sonho é a via régia para o inconsciente. Na segunda tópica, conforme a sua proposta, o pesadelo, isto é, a percepção alucinatória, é a via régia que nos leva ao id, certo?*

M: Sim, essa é a minha proposta. É como eu entendo a parte da fórmula "onde era id, há de ser eu-sujeito".

A: *Acho que estou pronta para conversarmos sobre a segunda parte da fórmula: "onde era supereu, há de ser eu-sujeito". Não consigo imaginar como o material ligado ao supereu se atualiza na clínica.*

M: Ok, mas preciso esticar as pernas. Vou dar uma volta no jardim. A delicadeza das avencas e a majestade da renda portuguesa recarregam minhas baterias.

~

M: AnaLisa, preparada para mais um trecho da nossa maratona teórico-clínica?

A: *Acho que sim. Se não der, eu aviso.*

M: Você certamente se lembra de que o eu se forma a partir das identificações com os objetos de amor perdidos (Freud, 1917/2010b). Roussillon (2023) lembra que há muitos tipos de identificação. Há identificações que são estruturantes do eu porque estão bem integradas. Se sua mãe é psicanalista, você pode se identificar com ela e se tornar psicanalista também.

Mas há um tipo de identificação que se dá com a sombra do objeto. É a identificação com um aspecto decepcionante do objeto. Um objeto decepcionante é aquele que falhou em oferecer as condições de que a criança precisava para constituir um bom narcisismo primário. Falhou em uma função fundamental para a constituição do eu. A função reflexiva falhou porque seu inconsciente projetou uma sombra sobre o eu.

Pois bem: o supereu se constitui a partir da identificação com essa sombra. É uma identificação *incorporativa*. In*corpo*rativa: como um corpo estranho, ela está "dentro" do sujeito, mas não faz parte dele. Não dá nem para integrá-la, nem para se livrar dela. Na clínica, todos os dias vemos os pacientes se debaterem com essa voz interna, que é a voz do objeto incorporado. Nesse ponto, o sujeito continua *enroscado* com seu objeto.

Enroscado significa o seguinte: quando o sujeito diz "eu sou um fracasso", ele diz "eu sou", mas ele não sabe que é a voz do objeto que está falando por sua boca. Esse "eu sou" não está subjetivado. Para que o sujeito recupere sua voz própria, será necessário se desenroscar do objeto. Roussillon (2023) diz isso *comme il faut*: o eu terá de *devolver a sombra ao objeto*. Esse é o segundo *front* do trabalho analítico: "onde era supereu, haverá de ser eu-sujeito".

A: *Complicadíssimo!*

M: Eu sei. Vou tentar explicar. Você lembra que, quando falei das historinhas, diferenciei a escuta do seu conteúdo (como sonho ou pesadelo) de outro tipo de "escuta", cujo foco é *como o relato afeta* o analista – de que maneira a fala do paciente *convoca* sua contratransferência. Mencionei a dimensão *agida* da fala.

A: *Lembro direitinho, até das palavras que você usou. Você disse que as historinhas podem ser escutadas em seu conteúdo e/ou em sua força de convocação de uma resposta contratransferencial em identificação com uma figura interna do paciente. Nesse segundo caso, paciente e analista estão um diante do outro interagindo numa cena, como no teatro. O paciente está convocando a resposta que complementa e perpetua o sintoma. Mas não sei se está claro para mim o que seria essa dimensão agida da fala, ou dimensão de ação da linguagem...*

M: Nada como um exemplo para esclarecer dúvidas. O paciente (a criança-no-adulto) tenta seduzir o analista (enquanto suporte transferencial do objeto parental amado) esperando que ele responda com manifestações concretas de amor. Ele pode fazer isso de mil maneiras. Por exemplo, contando historinhas de viagens maravilhosas, ou de restaurantes deliciosos. Depois da décima viagem, temos que nos perguntar: para que esse paciente está usando suas sessões para falar disso? É aqui que temos que mudar de escuta para tentar reconhecer a dimensão agida da fala. O que ele está "fazendo" enquanto fala?

Graças ao conteúdo ele está se apresentando como a criança irresistível, aquela que possui, ou é, exatamente o que ele supõe que o analista deseja, mas não tem. São formas de *agir sobre o analista* para conseguir a resposta complementar que, no entanto, manteria a criança-no-adulto enroscada no seu Édipo. Vou fazer uma caricatura. Imagine se o paciente conseguisse do analista a seguinte resposta: "que viagens maravilhosas, faz tanto tempo que não viajo, adoraria ir com você para a Sicília!" (risos).

A: *Acho que ninguém diria isso (risos)! Mas que interpretação você daria depois da enésima viagem?*

M: A interpretação visa iluminar a posição subjetiva dos dois participantes da cena transferencial. Eu diria "E você queria muito me levar junto". Ou "pelo jeito, nós já estamos viajando juntos". Ou ainda: "é para eu ficar com água na boca?". De todas, gosto mais dessa última porque traz a dimensão de excitação sexual envolvida na sedução. Agora veja só: agir sobre o analista para "forçá-lo" a dar a resposta esperada é o que Freud (1914/2010a) chamou de *agieren*. Atualmente, outro conceito também aborda a dimensão agida da fala: *enactment* (Cassorla, 2013). Como o entendo, o *enactment* inclui a resposta agida do analista ao *agieren* do paciente. No nosso exemplo, se o analista corresponde ao amor do paciente, mesmo que de forma muito sutil, é um *enactment*: o analista foi arrastado inconscientemente pela força da convocação transferencial e atua sua contratransferência.

A: *Reparei que ambos os termos* – agieren *e* enactment – *contêm um verbo, agir,* to act. *Imagino que não seja um acaso...*

M: Bem observado. Na realidade, ambos fazem referência àquilo que você quer entender melhor: a linguagem em sua dimensão de ação.

A: *Quanto mais conversamos, mais eu percebo que a escuta analítica está longe de ser simples, porque além de prestar atenção às historinhas (as representações), o analista precisa estar atento também a como o discurso do paciente o afeta, que efeitos ele produz. Acho essa parte mais difícil de entender, Marion. Tem algum exemplo que possa me ajudar, além desse da tentativa de seduzir o analista?*

M: Tem aquela situação que todos nós conhecemos. Dizemos algo ao paciente e ele nos interpela a queima-roupa: "Sim, mas o que eu faço?". Há uma forte convocação de resposta pela dimensão agida da linguagem. Numa situação dessas, sugiro ao analista respirar e se perguntar: *com quem o paciente imagina que está falando*, isto é, com que objeto interno – agora transferido para o analista – ele está falando?

A: *Você adivinhou! Já me aconteceu exatamente isso!*

M: Se o paciente pergunta "o que eu faço?", provavelmente está falando com uma figura interna que, do ponto de vista dele (da criança-no-adulto), sabe o que ele deveria fazer, mas por alguma razão se recusa a ajudá-lo. Quando o momento permitir, em vez de *responder* de forma complementar ("faça tal coisa"), o analista vai *interpretar*. Por exemplo, "Você acha que eu poderia te ajudar, mas por alguma razão não o faço. Seria porque gosto de ver você sofrer? Seria porque eu não estou nem aí para você?".

A: *Puxa! Depois que você fala, parece óbvio.*

M: Mais um exemplo. O paciente conta uma história triste (*minha mãe/meu marido isso, meu pai/minha esposa aquilo*). Por um lado, o analista presta atenção na historinha. Que cena, quais imagens – que pesadelo está sendo relatado? Mas, ao mesmo tempo, ele *se sente convocado a se aliar a ele* contra a mãe/pai/cônjuge que o faz sofrer. A convocação pode ser tão forte que o analista se sente arrastado (veja o verbo) a fazer isso. Ou então sente que o paciente vai ficar furioso se não der a resposta esperada e fica com medo de o paciente sair batendo a porta. Viu só, AnaLisa, a força da dimensão agida da fala?

A: *Claríssimo! Quer dizer que, frente à força de convocação da dimensão agida da fala, o analista não vai agir de volta respondendo "concordo com você". Vai fazer outra coisa. Mas, o quê?*

M: Pode propor uma interpretação transferencial, por exemplo, "já estou vendo que, se eu não pensar exatamente como você, viro teu inimigo". Ou então: "tem medo de que eu não acredite em você". Ou: "tem medo de que eu não me importe com seu sofrimento". Essas duas últimas enfatizam a angústia que turbina a força de convocação transferencial.

A: *Ok, já entendi esse pedaço. Estávamos conversando sobre a segunda parte da fórmula que define o objetivo de um processo de análise: "onde era supereu, haverá de ser eu-sujeito". Ou seja, o processo de subjetivação das identificações incorporativas que constituem o supereu.*

M: Vamos lá. Essas identificações são herdeiras de aspectos inconscientes que o objeto primário atua no seu vínculo com o *infans*. Um desses aspectos inconscientes são os microvotos de morte que, em momentos de microssurto psicótico, o adulto dirige à criança. Para falar de como podemos retomar o processo de subjetivação do supereu, vou me deter nesse tipo de atuação inconsciente, mas fazendo a ressalva de que poderiam ser outras.

A: *Se não me falha a memória, Marion, estamos falando da hipótese que você propôs no seu artigo sobre a constituição do supereu cruel, de 2015, certo?*

M: Sua memória não falha, mas não custa repetir. Naquela ocasião, disse que o supereu cruel se constitui justamente em resposta a *microvotos de morte inconscientes* que se originam no núcleo paranoico da figura parental (Minerbo, 2015). A criança que recebe essa mensagem violenta – e cuja violência não é necessariamente explícita – se defende fazendo uma *identificação ao agressor*. Ela passa a *se representar* como "eu sou do mal, sou culpada, não sou o que esperavam, não deveria existir". Quanto mais extenso o núcleo paranoico da figura parental, mais frequentes serão os ataques contra o eu da criança, e mais terrível será o supereu primitivo e as identificações que se constituem nesse campo intersubjetivo.

A: *Foi bom refrescar a memória. Você foi falando e eu fui lembrando daquela nossa conversa (Minerbo, 2019b). Na ocasião, fiquei um pouco chocada com a ideia de "microvotos de morte", ainda que inconscientes. Difícil imaginar que as figuras parentais, mesmo quando são suficientemente boas, em momentos de microssurto psicótico – momentos em que se sentem ameaçadas em seu narcisismo – podem odiar e atacar violentamente o eu da criança.*

M: Entendo seu ponto e você não está sozinha: mesmo para quem me acompanha nessas elaborações, não é fácil reconhecer tudo isso na clínica.

A: *Tenho dois casos que imagino que têm a ver com nosso tema. Gostaria muito de discuti-los com você.*

M: Ótimo. Vamos falar dos teus casos em breve. Mas antes, para estarmos em posição de reconhecer os microvotos de morte na clínica, precisamos entender qual seu destino nas instâncias que compõem o aparelho psíquico. Um dos destinos possíveis é sua inscrição no id como traços mnésicos sensoriais e afetivos em estado bruto. Já falamos disso.

A: *Sim, falamos bastante sobre isso. Aqueles meus três casos mostraram superbem o retorno alucinatório do traumático. Podemos seguir em frente.*

M: O segundo destino dos microvotos de morte, atuados inconscientemente pela figura parental em momentos de microssurto psicótico, é a constituição do supereu cruel. Essa instância se constitui pela identificação com o agressor. Uma vez internalizado, o agressor passa a atacar e a desejar a morte do eu, não mais "de fora para dentro", mas de "dentro para dentro". "Sou um fracasso, não sou o esperado, não deveria existir." É com os microvotos de morte que o supereu cruel ataca o eu, deixando-o sem saída e levando-o ao desespero.

A: *Percebo aqui uma diferença importante: quando falávamos dos microvotos de morte que se inscrevem no id, vimos que não há ataques entre instâncias, mas o retorno de elementos clivados em busca de uma simbolização primária – o que você chamou de retorno alucinatório do traumático.*

M: Perfeito. Veja que o supereu e o id são instâncias indissociáveis, tanto que, como diz Freud (1923/2011), o supereu cruel planta suas raízes no id. Ele também se refere ao supereu cruel como pura cultura da pulsão de morte. Minha hipótese, de que os microvotos de morte internalizados se voltam contra o eu, aprofunda essas duas ideias do fundador da psicanálise. O importante é que tudo isso pode ser reconhecido na clínica porque os elementos inconscientes do id e do supereu *são transferidos para a situação atual.*

A: *Sim, são as duas vertentes da transferência que você mencionou: 1) a atualização de elementos inconscientes inscritos no id, e 2) a atualização de identificações inconscientes que constituem o supereu. Tenho dois casos que acho que ilustram bem ambas as vertentes: o conteúdo das historinhas traz os microvotos de morte e, além disso, me sinto fortemente convocada na minha contratransferência. São dois casos de melancolia.*

M: E eu tenho um de paranoia. Mas preciso de um copo de água. Quer também?

~

A: *Julia tem 31 anos e mora em Portugal. Queixa-se de que sua vida está parada, as amigas casadas e com filhos, enquanto ela nunca namorou. As sessões são tomadas por queixas melancólicas. Sente-se um fracasso. Não consegue se sustentar. Sente-se uma impostora, prostrada, com preguiça de tudo.*

Conta que se formou em engenharia porque quis provar para a família que tem valor. Foi para Portugal fazer um mestrado. Escolheu um tema que estava na ordem do dia para ser valorizada pelos pais. Fala muito sobre a tia Maria, personagem que ocupa boa parte das sessões. A tia é descrita como uma figura poderosa que ninguém ousa confrontar. É rica e bem-sucedida, enquanto os pais de Julia são os primos pobres.

Julia conta uma historinha que fisgou minha escuta: "Tia Maria faz questão de dizer que todos os seus filhos são muito bem-sucedidos. Quando passei no vestibular de engenharia, disse que só fui aprovada porque a média do curso era baixa. Parecia que não se conformava que eu também tivesse algum sucesso".

M: Tia Maria é um bom exemplo do que venho chamando de Entidade. Comecei a usar esse termo com frequência no meu livro *Notas sobre a aptidão à felicidade* (Minerbo, 2023). Vou reler um trecho do livro para nós, para deixar essa noção bem clara.

A: *Já li o livro e gostei muito, mas acho legal retomarmos o que você quer dizer com essa expressão.*

M: Achei aqui. Vou ler para você.

> Entidade é um apelido carinhoso que dei a todos os representantes atuais da Mãe Absoluta ou objeto primário. A Entidade pode tudo, sabe tudo, detém o poder da vida e da morte sobre mim. Está acima do bem e do mal, sua palavra e o seu julgamento sobre mim são verdades absolutas. Se decreta que eu tenho valor, estou salvo. Se decreta que não tenho valor, que sou desprezível, é o meu fim, minha vida acabou. Se ficar com ódio de mim, me esmaga ou me abandona à própria sorte. A Entidade é sempre vivida como *abusadora*: ela sabe que tem poder sobre mim, sabe que não tenho como confrontá-la e por isso abusa do seu poder.
>
> Um exemplo. O paciente diz: "Trabalho numa empresa que sabe que não vou conseguir outro emprego, então me submeto a condições de trabalho indignas. É injusto, é revoltante, mas, como dependo desse emprego, não tenho como sair do enrosco".
>
> Outro exemplo. A paciente Marcia, do meu texto sobre o supereu cruel, fica revoltada porque o filho toma banho e deixa a toalha molhada no chão para ela recolher. Morrendo de ódio dele, ela diz: "ele sabe que não vou conseguir deixar a toalha jogada lá, e por isso abusa de mim". Tanto a empresa como o filho estão sendo vividos como Entidades (do Mal). (p. 76)

Como você vê, a Entidade é tão poderosa que é inconfrontável (risos). Parece que a tia Maria se encaixa perfeitamente nessa definição.

A: *É verdade, ninguém consegue confrontá-la. Todos têm medo dela. Depois de formada, Julia quis prestar um concurso, mas seu pai a desencorajou. Como os filhos da tia Maria não estavam conseguindo passar, ela ficaria enfurecida se por acaso Julia fosse aprovada. Melhor não cutucar a fera, era o que ele estava querendo dizer. Ainda assim o pai pagou a inscrição, mas Julia ficou tão nervosa que, apesar de saber a matéria, não conseguiu fazer a prova.*

M: Parece, então, que tia Maria precisa que só os filhos dela sejam bem-sucedidos. Ela representa a Mãe Arcaica em rivalidade narcísica com a criança em Julia. Os microvotos de morte estão bem aqui.

A: *Aqui onde (risos)?*

M: Ao contrário da rivalidade edipiana, em que dois brigam pelo amor do terceiro, o que caracteriza a rivalidade narcísica é que dois brigam porque só um tem o direito de viver. Só uma das partes – no caso, a tia Maria – pode se destacar, só uma pode ter valor. Para não desencadear a fúria assassina desse objeto, a criança tem de sacrificar seu narcisismo em favor do narcisismo da Entidade.

A: *Você está querendo dizer que a criança em Julia sacrifica o próprio narcisismo em prol do narcisismo do outro?*

M: Sim, é isso mesmo. Veja o que diz o material clínico. Apesar de saber a matéria da prova do concurso, Julia ficou tão nervosa que não conseguiu fazer nada. Na minha escuta, ficou paralisada de terror frente ao ódio assassino da tia Maria, pois sabia que seu sucesso seria intolerável para o narcisismo da tia.

A: *Então, Marion, se entendi bem, nós vamos escutar "não consegui fazer a prova" como "tive de renunciar a essa conquista para sobreviver ao ódio assassino do meu objeto".*

M: Horrível, né? Não é de admirar que esteja melancólica. Desde que se conhece por gente, Julia entendeu que, para não ser atacada, tinha que renunciar a realizar seu potencial. Tinha que renunciar a ser e a existir, enfim, abrir mão da própria vida. É um "assassinato de alma", para citar a linda e terrível expressão do nosso Schreber.

A: *E como podemos entender a atitude do pai, que diz para Julia não prestar o concurso, por medo, e ao mesmo tempo inscreve a filha para fazer?*

M: O pai sela o destino melancólico de Julia porque não consegue se encarregar de barrar os microvotos de morte da Mãe Arcaica. Ele mesmo está submetido à sua Entidade. É como interpreto o material clínico no qual ela conta que o pai a desencorajou a prestar o concurso para não cutucar a fera. Julia não foi para Portugal para um mestrado, e sim para lutar pelo direito de viver. Mas, como ela está enroscada na Entidade, não adianta se afastar do objeto externo: o supereu cruel, herdeiro da identificação com o agressor, vai junto.

A: *Como você sabe que ela está enroscada na Entidade?*

M: O material indica que tudo o que ela faz está referido, de alguma forma, à tia Maria. Tudo tem a Entidade como pano de fundo: inscrever-se ou não no concurso, passar ou não na prova, ir para Portugal. Na minha escuta, ela está *assujeitada* à tia Maria, e por isso *não consegue ser sujeito da própria vida.*

A: *É verdade! Ela não consegue ser sujeito da própria vida! O pior é que ela fugiu para Portugal, e o supereu cruel foi junto. Continua atacando o eu, acusando Julia de ser um fracasso, uma impostora etc. Ela se desespera e não vê luz no fim do túnel. Por causa disso, muitas vezes nem consegue se levantar da cama. Os pais caem matando, acusando-a de não querer sair de sua zona de conforto e ameaçando parar de pagar sua análise.*

E aqui vem o pedaço que está difícil para mim. Reconheço totalmente a ideia de que estou sendo convocada em minha contratransferência. Para tentar arcar sozinha com sua análise, Julia me pede para diminuir sessões e honorários. Ela já me paga bem abaixo do que costumo cobrar. Me senti encurralada e sem saber o que fazer.

M: Veja, AnaLisa, que interessante: assim como a transferência não pode ser reduzida à "relação com o analista", a contratransferência não pode ser reduzida ao que o analista sente. O que ele sente tem a ver com como está sendo convocado no campo transferencial. No seu caso, como será que você está sendo convocada? É importante, pois, para sair do impasse que me descreveu, precisará elaborar algo a respeito da posição identificatória – que obviamente é inconsciente – que você está ocupando na contratransferência.

A: *Mas como? Como pensar em vez de agir quando estou bem no "meio do furacão"?*

M: É uma excelente questão. Escutei um podcast com Fernando Urribarri (Sociedade de Psicanálise de Brasília, 2022) no qual ele diz que a contratransferência não é uma mera *informação* sobre o que o analista sente. É um *barulho que toca o corpo do analista, e que exige trabalho psíquico para ser transformado* em algo que possa ser usado a favor do processo. Elaborar a contratransferência é transformar esse barulho em sentido. Gostei muito de como ele formulou: é um barulho que toca o corpo do analista.

A: *Estou bem no meio desse barulho (risos)! Veja só. Por um lado, quero preservar meus honorários. Mas, por outro, morro de culpa porque, se eu não aceitar as novas condições, sinto que estarei decretando o fim de sua análise e abandonando a paciente, quando sei que ela precisa muito de ajuda. Estarei condenando Julia a continuar melancólica, e não quero fazer isso!*

M: Querida AnaLisa: se você "morre de culpa" é porque, para você, "preservar seus honorários" não é "preservar seus honorários", e sim *matar a criança em Julia.* Na posição identificatória inconsciente em que você está capturada, o barulho é justamente esse: *ou você (seus honorários), ou Julia (a vida dela).* É com o seu corpo que você vive essa opção como monstruosa, inaceitável. É com suas vísceras que você fica horrorizada em cometer um filicídio.

Como disse Urribarri, elaborar a contratransferência é transformar esse barulho em sentido. Acho que você está identificada com a tia Maria, quer dizer, está com medo de fazer a mesma coisa que ela: *sacrificar Julia para se salvar.* Elaborar a contratransferência é se desidentificar do objeto tanático de Julia. É recuperar sua liberdade interna. Quando isso acontecer, a decisão com relação aos honorários será vivida como uma opção legítima, e não como filicídio. Você tanto poderá escolher viabilizar a análise quanto colocar os seus limites e ver o que ela faz com isso.

A: *Faz sentido. Só de você falar, me dou conta de "onde" estou, e de que maneira essa posição identificatória me mantém nesse impasse. É bom lembrar que não sou a mãe nem o pai de Julia. Esse é meu trabalho, vivo disso. É verdade que é um trabalho bizarro, porque o analista se oferece para encarnar os objetos internos do paciente na transferência. E muitas vezes, quando estamos no "meio do furacão", a gente se esquece disso. A gente tem que lembrar que as forças colocadas em movimento numa análise se chamam transferência e contratransferência.*

De fato, tenho o direito de querer preservar meus honorários sem que isso seja um crime. Vamos ver como vou encaminhar essa questão, primeiro dentro de mim, e depois com ela.

M: Muito bom! É isso aí! Julia acredita que a Entidade pode acabar com ela, e por isso está enroscada. Quando isso se instala na transferência, no começo você também acredita que pode acabar com Julia. Mas quando elabora a contratransferência, descobre que não: não está no seu poder acabar com ela! Quando você se descola desse lugar, pode ajudar Julia a se descolar também. Ela estará em condições de transformar a Entidade em mero ser humano. Quem sabe ela descobre que a tia Maria tem medo de deixar de ser a matriarca poderosa da família e de perceber que seus filhos (ela) não são tão especiais como gostaria que fossem.

A: *Quando Freud (1937/2018) escreveu que ser psicanalista era um dos ofícios "impossíveis", ele não estava de brincadeira (risos). Bom, vamos para o segundo caso.*

M: Nossa, que entusiasmo! Não está cansada, não? E tua festa de fim de ano? Tudo pronto?

A: *Sim, tudo pronto. Meus amigos não acreditam que estamos nessa maratona há horas! Mas vamos fazer um intervalinho para respirar e dar uma alongada.*

~

A: *Pedro tem 38 anos, é casado e tem um filho de 2 anos. Me procura para fazer análise por conta de ansiedade, que ele relaciona ao trabalho. Passou muito tempo criticando os conhecidos (não tem amigos) que saem para tomar chope e têm redes sociais. Eu não estava entendendo para que ele ficava me dizendo isso, até que entendi: ao contrário dos outros, ele não se autoriza a perder tempo com nada que não seja trabalho. Não tanto porque se julga melhor, mas porque vive apavorado com a possibilidade de ser descartado. É por isso que destina todos os minutos do dia a ser produtivo.*

M: De fato, é um sujeito extremamente angustiado porque a empresa-Entidade pode acabar com ele, caso não atinja a meta. Quem mais será que representa a Entidade na vida dele? Com certeza há outras figuras em seu cotidiano que servem de suporte transferencial para esse objeto interno aterrorizante.

A: *Acho que sei quem é: a irmã. Ainda muito jovem, Pedro ajudou a conduzir o divórcio litigioso dos pais. A irmã se aliou à mãe, enquanto ele tentou ficar neutro. Desde então houve um rompimento não oficial com as duas, que moram em outra cidade. Eles não se falam. Apesar disso, ele as sustenta. Esse é um detalhe que não faz sentido para mim.*

M: De fato, temos que ver qual é o sentido disso. Ele diz algo sobre a mãe?

A: *Ele sofre bastante porque a mãe ainda não foi conhecer o neto que já está com 2 anos. Ela justifica esse fato dizendo que como a filha (irmã de Pedro) trabalha o dia inteiro, não pode sair e deixar os cachorros sozinhos. Mas ele acha que a mãe não está nem aí para ele.*

M: A mãe não vai por causa da irmã. Tem que cuidar dos cachorros. Ela parece não ter autonomia, talvez por estar submetida à filha. Tem alguma historinha sobre isso?

A: *Tem sim, Marion. Inclusive é uma situação na qual reconheci os microvotos de morte por parte do objeto primário, que aqui estava representado transferencialmente pela irmã. A situação que posso te relatar é a seguinte: como a mãe não ia visitá-lo, Pedro resolveu ir com a esposa e o filho fazer uma visita-surpresa à mãe. O que era para ter sido algo gostoso se transformou numa experiência muito ruim.*

M: Temos detalhes?

A: *Sim. Primeiro, a irmã mal olhou para o bebê. Depois, a cachorra da irmã avançou para cima dele e o mordeu. Ele pediu que a prendessem, mas a irmã se recusou, dizendo que a casa é da cachorra: é ela que mora lá, e não o irmão. A mãe não se manifestou, e o clima ficou tão ruim que eles foram embora sem almoçar. Desde então, a irmã simplesmente não atende ao celular quando ele liga para tentar falar com a mãe.*

M: Poderia ser a narrativa de um pesadelo: "A pitbull da minha irmã avançou para cima de mim, fiquei aterrorizado achando que iria me matar, estava com fome, mas fugi para salvar meu filho". Veja a qualidade alucinatória da historinha. E você tem razão: eu também vejo os microvotos de morte nessa cena. Eles aparecem no ódio assassino da irmã (o cachorro que avança para destruir Pedro). E também no material em que a irmã não atende aos seus telefonemas, ignorando seus apelos desesperados, numa retaliação para lá de cruel. De fato, é curioso que ele sustente mãe e irmã.

A: *Estou aprendendo a reconhecer a Entidade em vários dos meus atendimentos. No caso que acabamos de discutir, era a tia Maria. Aqui, temos a empresa e agora a irmã-pitbull, que a criança em Pedro não consegue confrontar.*

M: Sim, mas há uma diferença. No caso anterior, o objeto primário, representado pela tia Maria, estava lutando para preservar seu narcisismo às custas da criança em Julia. Aqui, o objeto primário, representado pela irmã, entende que a criança em Pedro merece ser punida exemplarmente pelo crime de traição – ele não quis se aliar à mãe e à irmã contra o pai. São motivações diferentes, mas nos dois casos a criança recebe a carga tóxica de elementos-beta tanáticos.

Há mais um elemento relevante. Pedro diz que a irmã tem ódio dele desde a separação dos pais, mas acrescenta que ela, que tem um emprego medíocre, pode ter inveja do sucesso profissional e financeiro dele. Veja a fórmula do supereu cruel, como propus naquele meu texto: não sou eu que..., é você que..., e eu te odeio por isso. Nesse caso seria: não sou eu que tenho inveja, é você que me traiu, e eu te odeio por isso.

A: *Sim, faz muito sentido que o ódio da irmã tenha a ver com sua ferida narcísica, e que a "traição" seja apenas uma racionalização. E me parece também que, no caso de Pedro, a mãe faz o papel de um terceiro incapaz de salvá-lo das "garras" da irmã-Entidade, assim como o pai de Julia não conseguiu salvá-la dos ataques da tia Maria.*

M: Perfeito! O frágil narcisismo da tia Maria não iria tolerar que Julia passasse no concurso, e o pai se submeteu. Aqui é a mãe de Pedro que representa esse terceiro inoperante: ela não pode sequer conhecer o neto, pois está submetida à sua própria filha, que, por alguma razão, odeia o irmão. O terceiro não protege a criança em Pedro dos microvotos de morte da irmã, que representa o supereu cruel.

Veja como agora faz sentido ele pagar todas as despesas dela! Ele está tentando desesperadamente acalmar a fera, quer dizer, revogar os microvotos de morte por parte da irmã. Acho que ele ainda não faz contato com isso.

A: *É isso mesmo, Marion. Pedro acha que a irmã só voltará a falar com ele quando o pai morrer. Ele e a irmã vão herdar algumas propriedades. E ele já decidiu que vai doar a parte dele para ela. Acho que ele espera que, com esse gesto tão generoso, ela possa perdoá-lo pelo "crime" e volte a falar com ele.*

M: No caso anterior, imaginei que Julia fracassou na prova do concurso como estratégia de sobrevivência – era sua tentativa de amansar a fera. Aqui, também vemos a estratégia de sobrevivência da criança em Pedro: ele doa todos os minutos do seu dia à empresa, e pretende doar sua parte da herança à irmã. Na minha escuta, assim como Julia, ele aceita sacrificar seu próprio narcisismo em favor do narcisismo do objeto para sobreviver.

A: *No contexto desses dois casos, pensar que "onde era id e supereu, haverá de ser eu" faz todo o sentido. Como Julia e Pedro estão assujeitados à Entidade, o eu-sujeito não consegue tomar as rédeas de sua vida nas mãos.*

M: É por aí mesmo. A historinha do almoço com a irmã que solta os cachorros presentifica os microvotos de morte. Se lhe doa a herança por medo ou para amansar a fera, ele não está fazendo isso enquanto sujeito, e sim assujeitado por uma mistura de pavor e amor. Para recuperar alguma liberdade interna ele precisa desconstruir a Entidade, e isso tem que passar pela transferência. E para acessar a transferência, nosso ponto de partida será a contratransferência, como no caso anterior.

A: *Por falar nisso, ainda não te contei nada sobre o "clima" dessa análise. Esqueci! Freud explica (risos)! Esse processo está sempre por um fio. O que sinto é que se eu não resolver a ansiedade dele, vai parar a análise. Já ameaçou fazer isso várias vezes. Ops! Acho que é aí – na ameaça que ele faz, e no medo que eu sinto – que está a dimensão agida da fala!*

M: Vira e mexe, ele ameaça parar a análise: um "mero detalhe" importantíssimo, AnaLisa! Com Julia, a culpa que você sentiria caso decidisse preservar seus honorários indicava que estava identificada com a tia Maria, achando que cometeria filicídio em seu próprio benefício. Pedro vive "ameaçando interromper a análise" caso você não resolva sua ansiedade. Como você bem disse, palavra *ameaça* sugere que você está com medo dele, da mesma forma que ele tem medo da irmã. Comparando com o caso anterior, a ameaça de morte está invertida: aqui é você que está identificada com a criança aterrorizada em Pedro, e ele está identificado com a Entidade que pode decretar a sua morte enquanto analista.

Essa ideia é importante para a compreensão do que se passa nesse campo transferencial: na contratransferência, ele convoca em você a criança aterrorizada. Inconscientemente, você vive a ameaça de interrupção da análise como sentença de morte. Veja os microvotos de morte sendo agidos na transferência e captados pela contratransferência!

A: *É isso mesmo! Eu sentia esse barulho no meu corpo, mas não conseguia colocar em palavras. Só agora estou fazendo contato com esse medo, que tem a ver com a espada que paira acima da minha cabeça. E que é o medo da criança nele. É isso que significa o nível inconsciente da contratransferência, né?*

M: Exatamente. A contratransferência cobre esse espectro que vai de algo percebido conscientemente até o outro extremo, um "barulho" que, num primeiro momento, é totalmente inconsciente.

Pois bem. A espada sobre sua cabeça é o barulho que toca seu corpo e que demanda trabalho psíquico para ser elaborado. É no corpo que você vive o desespero de ter que justificar sua existência como analista. Como ele, que vive no desespero de ter de justificar sua existência para a empresa, doando-lhe todos os minutos, e também para a irmã, pagando todas as despesas dela. Mais uma vez, vemos que a contratransferência é a identificação inconsciente com a transferência dos microvotos de morte.

A: *Imagino que, assim como no caso anterior, em que preciso me desidentificar da figura da tia Maria, aqui preciso me desidentificar da criança aterrorizada em Pedro. Preciso conseguir enxergar "interromper a análise" como "interromper a análise", e não como morte da minha identidade analítica.*

M: Exato. Diferenciar-se dessa figura interna é condição para recuperar a posição analítica. Para ajudar Pedro a desconstruir sua Entidade, a analista não pode ter medo dele. Lembre-se de que nós nos oferecemos para acolher a transferência, e nossa contratransferência é o preço que pagamos por essa oferta: ele está convocando a criança em você, que tem medo da tua própria Entidade.

Ao elaborar sua contratransferência, você vai fazer o que ele não conseguiu fazer em relação à Entidade dele. Pode até achar chato perder um paciente, mas não no nível de se sentir um fracasso total, porque aí você também estaria submetida à sua Entidade (seus colegas, sua instituição). Ele tem a mesma tarefa pela frente: transformar seu terror em mero medo – medo de ser demitido, medo de não reatar com a irmã.

Lembrei-me de um caso para o qual dei supervisão, e que dialoga com esses que acabamos de discutir. É também um caso de *medo na contratransferência*, mas a colega estava plenamente consciente dele. Só não sabia como sair disso.

A: *Vou adorar ouvir sobre esse caso, mas acabaram de me mandar mensagem. Vou só ver se é urgente e volto. Vai que é minha Entidade me criticando porque esqueci de alguma coisa da festa (risos).*

~

A: *Era uma amiga dizendo que queria muito estar aqui participando da nossa conversa! Respondi que a conversa vai estar no primeiro volume da Série Ateliê Clínico.*

M: Capítulo 2 (risos)! Mas vamos lá. Há situações em que o analista não está consciente de sua contratransferência. Vimos isso nos casos que acabamos de discutir. Você ainda não tinha feito contato com seu pavor de "matar" Julia, nem com o pavor de ser sumariamente descartada por Pedro (um gesto de *degola* acompanha esta fala). Mas há casos em que o analista tem uma boa noção de como está sendo afetado pela transferência. É o caso dessa colega, que quis conversar sobre um atendimento porque estava intrigada com sua contratransferência. Ela sabia que precisava recuperar sua posição analítica e que, para isso, teria que elaborar a contratransferência.

A: *Percebo cada vez mais como a contratransferência é essencial, e como o trabalho de supervisão é necessário para elaborá-la.*

M: Verdade, principalmente nos casos de sofrimento não neurótico, em que a contratransferência tende a ficar menos acessível para o analista do que na análise de organizações predominantemente neuróticas. Nossa colega me contou o seguinte: pouco tempo depois de receber Sara em análise, descobriu que conhecia sua irmã, que era a dentista dos filhos. Não comentou nada com sua paciente, mas desde então ficou se sentindo perseguida. Os meses foram passando e a colega se sentia cada vez mais encurralada. Se dissesse que conhecia a irmã, teria de justificar por que não havia dito antes. Se não dissesse, sentia como se estivesse escondendo algo da paciente. Qualquer que fosse o caso, a analista sentia que seria massacrada, acusada de falta de ética, de traição, denunciada ao Conselho Regional de Psicologia (CRP) etc. Enfim, estava aterrorizada.

A: *Concordo que a situação ficou delicada. Mas será que esse medo se justificava? Ela foi criando uma fantasia que talvez não tivesse nada a ver com a paciente.*

M: Mas tinha a ver, sim. Sara contava historinhas cujos personagens principais eram o marido e as duas filhas, que tinham em torno de 25 anos. Sentia um ódio profundo das duas, vividas como usurpadoras do amor do marido. Nas mil historinhas, sempre as mesmas, Sara se sentia excluída e achava que os três não estavam nem aí para ela. Ao contrário de algumas mães que se angustiam e se perguntam "de onde vem esse meu ódio", Sara se sentia plenamente justificada porque, afinal, elas haviam roubado seu lugar. Eram traidoras e desleais.

A: *Lindo exemplo de retorno alucinatório do clivado! As filhas se tornaram mal-assombradas!*

M: Exatamente! Quando uma de suas filhas teve uma bebê, Sara comentou: "Agora você vai ver o que é bom!", querendo dizer que ter filhas mulheres é uma desgraça.

A: *É, faz sentido mesmo a analista ficar apavorada com a possibilidade de ser considerada traidora e desleal. E passar a ser odiada, como as filhas.*

M: Não sei se Sara chegaria a denunciar a analista ao CRP, mas o que importa é sua contratransferência. A falta de autocrítica dos paranoicos é assustadora. Sara não se dá conta do grau de violência da frase "Agora você vai ver o que é bom!". Não percebe que está dizendo que teve a própria vida desgraçada pela filha, nem que a neta vai ser a desgraça da filha. Ela faz e diz coisas sem perceber. Sem qualquer tipo de disfarce, a frase condensa os microvotos de morte da mãe em relação às filhas. Filhas mulheres não deveriam existir pois são traidoras, desleais e interesseiras.

A: *É uma mãe misógina?*

M: Misógina é a descrição de um comportamento. Se quisermos pensar do ponto de vista metapsicológico, a criança em Sara está confundindo as filhas com algum aspecto odiado da própria mãe. Ela faz uma transferência negativa com as filhas. Por isso, odeia as filhas meninas. A analista de Sara capta esse ódio com o corpo. Ela sabe que pessoas assim podem ser cruéis e vingativas. O pior é que elas não se sentem culpadas, pois justificam sua atitude com "a pessoa mereceu". Imagine se Sara entender que foi traída pela analista!

A: *O ódio parece ser sua "chave de leitura" predominante.*

M: Pois é. Para a analista, é um imenso desafio atravessar o matagal de ódio contra tudo e todos *sem criticar Sara*, mas sem isso será difícil acessar o desespero da criança nela. Desespero pela certeza de não ter valor para seu objeto e desespero por não conseguir se impedir de afastar a quem ama. Veja que interessante: em vez de se melancolizar, como Julia e Pedro, Sara se estruturou defensivamente em torno do ódio. É uma das características da paranoia. Ela precisa do ódio para não melancolizar!

A: *Que triste! Tem muita gente assim, não é? Nós/eu contra eles. E pelo que entendi, ao contrário dos casos de Julia e Pedro, aqui é ela que está identificada ao supereu cruel. Os microvotos inconscientes de morte partem dela e tomam as filhas como objeto.*

M: É isso mesmo. A filha está no lugar da criança que ela foi. Inconscientemente, ela trata a filha como foi tratada.

A: *Você acha que a fantasia de ser denunciada por Sara ao CRP tem a ver com ela estar identificada à filha, objeto do ódio da mãe?*

M: Acho que sim. A filha é vista como traidora e desleal, a analista também tem medo de ser vista como traidora e desleal por Sara, caso pense que escondeu que conhecia sua irmã. Ela precisará se desidentificar dessa criança, alvo dos microvotos de morte, para *recuperar sua posição analítica:* não dá para ser analista se você tem medo do paciente. Quando isso for possível, ela se sentirá livre para dizer, ou para não dizer, que conhece a irmã da paciente sem se sentir uma traidora. Poderá também abordar, por meio das historinhas, o pavor de ser alvo de ódio das figuras do seu cotidiano que representam seu supereu cruel.

A: *Faz sentido. Acha que podemos dar uma organizada em tudo o que falamos, Marion? Vou fazendo umas anotações.*

M: Você tem uma memória incrível, AnaLisa, não precisa anotar nada (risos)! Conversamos sobre teus pacientes Julia e Pedro, e eu trouxe Sara, um caso de supervisão. A interpretação das historinhas revelou os microvotos de morte em contextos ligeiramente diferentes.

Com Julia, vimos a rivalidade narcísica entre a tia Maria, representante da *Entidade*, e a criança em Julia. É uma dinâmica tanática porque só *ela* tem o direito de viver: a outra tem de renunciar para não cutucar a fera (não cutucar a ferida narcísica do objeto).

No caso de Pedro, a dinâmica tanática se dá entre a irmã, representante do supereu cruel, e a criança em Pedro. Ele se desespera para conseguir revogar os microvotos de morte pelo crime de traição (não ficou do lado da mãe e da irmã contra o pai).

Com Sara a situação se inverteu. Ela está identificada ao supereu cruel e a filha está colocada no lugar da criança que ela foi. Vimos que o ódio assassino se dirige especificamente à filha mulher (traidora e desleal porque rouba seu lugar junto ao marido).

Mas o mais importante, para mim, é que os três casos iluminaram a dimensão agida da transferência graças à força da convocação contratransferencial.

A: *Eu também achei que essa parte foi a mais interessante. Pelo menos foi a mais nova para mim. Eu realmente não tinha me dado conta da minha contratransferência. Era um barulho, como disse o Urribarri, que eu precisava elaborar.*

Foi uma surpresa perceber que eu estava me sentindo culpada como se fosse "matar" Julia, e que eu estava com medo de ser sumariamente descartada por Pedro. Achei realmente muito legal perceber como eu estava identificada com a posição complementar à da transferência. Gostei muito de viver na carne o que a gente lê nos livros sobre "elaborar a contratransferência". De fato, isso é fundamental para recuperar a liberdade e, com ela, a posição analítica.

O caso que você trouxe também me ajudou. Consegui me identificar com a analista da Sara que estava identificada com a filha da Sara (risos). Ela captou a dinâmica tanática misógina e a traduziu como medo de ser denunciada ao CRP.

M: Fico feliz!

A: *Marion, para encerrarmos nossa conversa, queria tentar relacionar a leitura que fizemos desses casos com a psicopatologia psicanalítica, pois, apesar de todos os casos mostrarem a dinâmica tanática entre a criança e seu objeto primário, imagino que haja diferenças entre eles.*

M: Ótima observação! Sim, há diferenças fundamentais entre o sofrimento psíquico desses três pacientes. Julia está clinicamente melancólica porque não vê luz no fim do túnel. Pedro não se melancoliza porque vê luz no fim do túnel. Como mencionei, ele se mantém agarrado à esperança de ter a sentença de morte revogada quando renunciar à herança em favor da irmã. Mas, em compensação, enquanto esse dia não chega, ele vive angustiado – vale lembrar que procurou análise por ansiedade. E Sara, por sua vez, se torna paranoica porque se estrutura em torno do ódio produzido no seio de uma relação abusiva com seu objeto primário.

A: *É muito interessante perceber as nuances de cada uma dessas formas de sofrimento psíquico. Essa síntese é muito útil, Marion. Simples e clara.*

M: E já que estamos encerrando, vale lembrar que você queria saber para que, afinal, serve uma análise. Vou propor uma definição extensa e complexa e outra curta e simples. Com qual eu começo?

A: *Com a extensa e complexa.*

M: Uma análise serve para oferecer, no campo transferencial, as condições necessárias para que o paciente consiga retomar o processo de subjetivação de experiências emocionais interrompido pelo traumático. A elaboração e a integração dessas experiências lhe permitirão abandonar a posição de assujeitado àquilo que a vida lhe impôs, para aceder à posição de sujeito de sua vida. Haverá de ser eu-sujeito onde era id e supereu.

A: *Extensa, mas bonita! O que eu mais gosto na sua definição é que a análise não quer resolver a vida de ninguém, mas sim oferecer condições para que, ao tomar a rédea de sua vida nas mãos, o paciente consiga encaminhar sua vida como ele achar melhor.*

M: É isso. Agora a definição simples e curta: uma análise serve para que o paciente conquiste autonomia suficiente em relação a seus objetos internos/externos para conseguir fazer o que quiser com sua vida.

A: *Posso fazer uma provocaçãozinha para terminar? O que você acha de dizer que uma análise serve para que as pessoas desenvolvam, ou conquistem, ou se tornem aptas a experimentar momentos de felicidade (risos)?*

M: Eu acho que, quando alguém se sente sujeito da própria vida, é isso que acontece! Mas pelo amor de Deus, lembre-se de que aptidão à felicidade não é garantia de felicidade! Espero ter deixado isso bem claro no meu livro. Querida AnaLisa, é sempre bom conversar com você! Te desejo uma linda festa de fim de ano e um excelente 2024!

Ateliê 1
Crime e castigo

Escolhi este ateliê para abrir a Série Ateliê Clínico porque ilustra à perfeição uma escuta clássica, centrada nas associações e na repetição de certas representações. Partimos de um caso banal de conflito conjugal e fomos surpreendidos: a atenção flutuante nos levou a um universo subjetivo bastante particular. Você, leitor, poderá acompanhar passo a passo nosso processo de descoberta. Verá que, aos poucos, fomos entendendo que essa paciente vive atormentada pela ideia de que cometeu algum delito e pela necessidade de expiação da culpa. Daí o título "Crime e castigo", em referência a Dostoiévski (1866/2019).

Escolhi começar com este ateliê também por outro motivo. No Capítulo 2, quando expus os pressupostos teóricos que embasam minha compreensão do objetivo de um trabalho analítico, falei em retomada do processo de subjetivação. Usei como fio condutor a fórmula de Freud, modificada por Roussillon, "Onde era id e supereu, haverá de ser eu-sujeito". Essa fórmula faz todo o sentido para orientar nosso trabalho com o sofrimento não neurótico, como você já viu no Capítulo 2 e vai ler em vários outros ateliês. No entanto, no caso discutido neste ateliê, a paciente apresenta um sofrimento predominantemente neurótico. A ideia de retomar o processo de subjetivação continua valendo, mas com uma diferença. Aqui, mais do que elaborar e integrar elementos do id e do supereu, estamos às voltas com levantar o recalque, isto é, elaborar e integrar os elementos da fantasia inconsciente que precisaram ser recalcados (Minerbo, 2019a). Sim, o velho e bom recalque da sexualidade e seus efeitos na vida da paciente vão aparecer com todas as cores.

No Capítulo 2, AnaLisa entendeu que, quando o analista trabalha com organizações não neuróticas (ou sofrimento narcísico-identitário), ele precisa criar no campo transferencial-contratransferencial as condições para que o paciente consiga retomar o processo de simbolização primária (integrar os elementos em estado bruto do id e desconstruir a identificação com o agressor do supereu). Em "Crime e castigo", veremos que, para levantar o recalque, retomando assim o processo de subjetivação, o analista trabalha para criar as condições que possibilitem a simbolização secundária.

Não vou discutir aqui a diferença entre simbolização primária e secundária. Falei muito sobre isso em outro lugar (Minerbo, 2016b). Se você acompanhar este e outros ateliês, vai acabar entendendo essa diferença e como funciona na prática. O que eu queria deixar claro é que escolhi este ateliê não só porque foi um processo lindo, mas também para complementar o que foi visto no Capítulo 2.

Primeiro encontro

Deby, 40 anos, jornalista, natural do interior de São Paulo. A colega que está trazendo o caso conta que Deby chegou de um modo curioso. Quis iniciar sua análise na mesma época que ela atendia à sua prima. Ela lhe explicou que, por questões éticas, não poderia atender duas pessoas da mesma família. Deby decidiu esperar essa análise se encerrar e, durante os anos de espera, encaminhou-lhe vários pacientes – o que indica a persistência dessa transferência.

Iniciada a análise, a paciente começa a falar de problemas conjugais (o material tinha sido previamente preparado para o ateliê). O marido é um encostado. Ela trabalha 12 horas por dia para sustentar a casa. Casamento morno sem sexo. Mil descrições do marido inútil, que passa o dia com a própria mãe, que só reclama dela etc. Deby se queixa, mas não faz nada a respeito.

Para descolar do conteúdo manifesto – o conflito conjugal –, começamos tentando entender quem esse marido representa na sua economia psíquica. E, para acessar esse outro plano, precisamos ter alguma ideia sobre qual é a experiência subjetiva dela. *Tem medo dele? Medo de ele querer se separar e ela ficar sozinha? Acha que, apesar de tudo, estar casada com ele traz benefícios?*

Em resposta, a analista diz que Deby valoriza muito a ajuda do marido para cuidar da casa e das mães idosas dos dois. Como trabalha muito, não teria como fazer isso. Apesar de ele ser um encostado, é grata pela ajuda que recebe dele. Mas como predominam as queixas, é difícil entender alguém que descreve o inferno, mas parece não se importar por estar lá. Na contratransferência, nossa colega se revoltava (em silêncio) com o que parecia ser uma submissão masoquista. Tinha vontade de sacudir a paciente para ela sair disso.

No ateliê, passamos um tempo em torno desse tema que, afinal, é tão comum na nossa clínica. Mas, por algum motivo, essa linha de trabalho não me convencia. Estávamos girando em círculos. Ocorreu-me então fazer uma perguntinha básica. Foi quando o ateliê começou a ficar mais interessante. A partir daí, a analista abandonou o material que havia preparado e começou a trazer suas associações – o processo primário da analista é sempre o melhor caminho! –, o que nos levou para uma direção totalmente inesperada.

MARION – VOCÊ DESCOBRIU POR QUE DEBY PRECISOU FICAR ESPERANDO POR VOCÊ DURANTE OS ANOS EM QUE VOCÊ ATENDIA À PRIMA DELA?

A colega responde que sim. Fez esta pergunta e obteve uma resposta estranha. "Preciso de uma analista que não me dê moleza; comigo tem que ser dura".

De fato, a resposta é intrigante. O que será que ela quer dizer com isso? Por que precisa de alguém que não lhe dê moleza? Agora, enquanto escrevo (e porque já conheço o resto da história), ocorreu-me que havia um outro motivo para ela ter esperado a prima terminar sua análise: a *postura da analista*. Para ela, foi muito importante a analista dizer que, *por questões éticas*, não poderia atender a duas pessoas da mesma família ao mesmo tempo.

~

O material sobre o casamento sumiu. Quando Deby voltou a falar disso, pudemos entender por que, apesar de tudo, continuava casada. Não tinha nada a ver com submissão masoquista!

A colega foi trazendo outros fragmentos. Apresento-os já "filtrados" por minha escuta.

> *Passei minha infância trancada no quarto, lendo e vendo TV. Minha mãe não me deixava brincar na rua. Na única vez que desobedeci, levei uma surra. Nunca mais desobedeci. Até hoje não me esqueço dessa surra…*
> *Eu devia ter uns oito anos. Estava no shopping com meu tio, que era um advogado famoso. Todos na minha família o respeitavam e o consideravam muito correto. Entramos numa loja chique de relógios e canetas. Vi*

> *quando ele pegou uma caneta que estava no balcão e a colocou discretamente no bolso, antes de comprar um Rolex. Meu tio, tão querido, tinha roubado! Era um ladrão! Saí da loja em estado de choque. Fiquei muda até ele me deixar em casa. Depois disso nossa relação nunca mais foi a mesma.*

A colega interrompe o relato do material clínico para dizer que, desde as primeiras sessões, uma imagem vinha à sua mente: *uma mulher desce ao porão de sua casa. O vento bate a porta e ela fica trancada lá dentro.* Para a analista, o porão era o casamento no qual Deby estava presa.

> M – QUE INTRIGANTE! UM PORÃO! BELA IMAGEM PARA O INCONSCIENTE. DE ALGUM JEITO, A ANALISTA CAPTOU A AUTORRESTRIÇÃO DE MOVIMENTOS, JÁ QUE ESTÁ PRESA NA PRÓPRIA CASA.

Desdobrando essa imagem, entendemos que é uma metáfora para descrever os mecanismos psíquicos defensivos (*porta trancada pelo vento*) que estão restringindo a liberdade da paciente. A metáfora traz também a demanda endereçada à analista: "me tira daqui!". Algumas perguntas se impõem. *Como será que ela foi parar lá? Restrição de quais movimentos?*

Como diz Ogden (2003), o "autor" da imagem não é nem o paciente, nem o analista, mas o campo intersubjetivo constituído pelo inconsciente de cada um deles. Para nós, é como se a paciente estivesse contando um sonho: "*sonhei que eu descia ao porão da minha casa para procurar um objeto perdido. Não sei como, bateu um vento que trancou a porta e eu não conseguia mais sair de lá*".

A capacidade de mobilizar imagens e metáforas indica que o tecido representacional da paciente está suficientemente preservado.

~

Enquanto escrevo, penso no processo de simbolização que começa a ser retomado. Para explicar os conceitos de simbolização primária e secundária, segundo o entendimento de Roussillon, propus uma analogia que ilumina a diferença entre esses dois processos (Minerbo, 2016b).

Para se produzir um pão, a matéria-prima mais elementar é a espiga de trigo. Para virar pão, contudo, ela terá de passar por dois processos tecnicamente distintos. Primeiro, será moída e transformada em farinha. É a simbolização primária: transforma a matéria-prima psíquica ainda em estado bruto numa primeira imagem psíquica (representação da coisa). Depois, no segundo processo, a farinha é trabalhada e produz-se a massa que será assada para ser transformada em pão. É a simbolização secundária: transforma a imagem psíquica em linguagem.

Pois bem: a lembrança da surra que levou da mãe, o material sobre o tio ladrão e principalmente a imagem da *paciente trancada pelo vento no porão da própria casa* já configuram "farinha", e da boa! São lembranças, associações, representações imagéticas, cenas com características oníricas. A imagem que ocorre à analista está "grávida" de sentido. O trabalho a ser feito é o de simbolização secundária – é o levantamento do recalque, como propôs Freud em *A interpretação dos sonhos* (1900/2019). O sentido dessa imagem terá que "nascer" no campo transferencial.

Precisamos lembrar que o sintoma – neste caso, estar presa no porão – é sempre a melhor solução que o paciente conseguiu encontrar para resolver algum conflito. Qual seria o conflito? Ainda não sabemos, mas ter isso em mente nos ajuda a não tentar tirá-la do porão "de fora para dentro" (sem passar pelo trabalho psíquico que lhe cabe). Ela vai sair sozinha quando puder elaborar algo a respeito do conflito que está na origem das limitações autoimpostas (pelo vento). E então estará em posição de decidir o que fazer com sua vida, incluindo o casamento.

~

Novos fragmentos clínicos: o irmão entrou em uma faculdade de medicina fraudando o vestibular. A irmã era homossexual e se mudou para longe da família para poder viver sua sexualidade como queria. Morreu de câncer ainda bem jovem. Deby fez jornalismo e trabalha na redação de uma empresa verificando a fonte das notícias.

Estamos no processo de conhecer a subjetividade de Deby. Gosto de material vivo pois, à medida que o ateliê avança, vai ficando claro que não precisamos de muitas informações sobre a vida do paciente, e sim de associações – de historinhas – relevantes por parte do analista. Como ela enxerga a vida? Em que universo subjetivo ela vive? Como é o planeta que ela habita?

M – A IRMÃ QUE VIVEU SUA SEXUALIDADE COMO QUERIA MORREU DE CÂNCER. O QUE DEBY ACHA DISSO?

As respostas podem ser muitas, e cada uma nos dá uma dica sobre "quem" é aquela pessoa. Por exemplo, Deby poderia dizer: "minha irmã teve o que mereceu". Mas, surpresa! Nossa colega responde que Deby achava essa irmã o máximo! Era o próprio retrato da liberdade, sabia ter prazer com a vida e não ligava para as convenções.

M – OPS, ADMIRA UMA IRMÃ LIVRE, ENQUANTO ELA ESTÁ PRESA NO PORÃO! INTERESSANTE! TALVEZ GOSTARIA DE SER TÃO LIVRE QUANTO A IRMÃ, MAS TEM MEDO DE ACABAR MAL. E O TIO CORRETO QUE ROUBOU A CANETA? O QUE ELA ACHA DISSO?

Aqui já sabemos que, mesmo tendo só 8 anos, ficou chocada. Depois disso, afastou-se dele.

Nesse ponto, nossa colega traz uma associação. Adoro essas associações no meio da conversa! Ajudam demais nesse esforço de ir reconhecendo "quem" é essa pessoa, como ela vê o mundo e a si mesma. O tema no ateliê era a transgressão do tio e ela se lembrou de uma historinha que traz uma *transgressão de Deby*!

> *Eu estava na sala de espera do meu ginecologista. O notebook da secretária estava aberto. Olhei para a tela de relance e vi que estavam marcando uma curetagem para B, uma amiga minha. Me senti péssima porque violei a privacidade de alguém. Eu podia ter olhado para o outro lado. Mas não olhei.*

Uma colega pergunta se podemos entender essa cena como relacionada à cena primária. Até poderia ser. Mas tudo o que vimos até agora no material clínico indica que ela está se sentindo *culpada* por ter feito algo errado, e não que está *curiosa* com relação ao que está acontecendo entre quatro paredes. "Culpada" e "curiosa" são coisas bem diferentes e remetem a funcionamentos psíquicos muito distintos.

A associação da analista é maravilhosa porque traz mais um elo na corrente das representações que vão aparecendo. Assim como o tio, Deby cometeu uma transgressão. Só que, mesmo tendo sido uma transgressão mínima e sem consequências – diferente de um roubo –, ela sente que cometeu um crime monstruoso. Vejam a angústia ligada a questões éticas! Tem tudo a ver com querer uma analista ética (que não seja como o tio), que não dê moleza e que seja bem dura com ela, pelo crime monstruoso.

E então nossa colega traz mais uma linda associação. É sobre o que levou a paciente a ficar esperando que a prima terminasse sua análise para começar a dela com *aquela* analista. Deby diz que acha que a prima se beneficiou demais da análise. "Era uma esposa travada e submissa que, aos poucos, começou a ter voz ativa. Dizia o que pensava e fazia o que queria."

M – OPS, A PRIMA DE DEBY ESTAVA PRESA NO PORÃO E CONSEGUIU SAIR! AGORA A GENTE ENTENDE QUE ELA QUISESSE APENAS ESTA ANALISTA, E NÃO OUTRA!

Sempre digo que um ateliê não é uma supervisão. É um espaço de integração teórico-clínica, ocasião para treinar a escuta analítica e desenvolver um pensamento clínico que nos ajude a conduzir a análise. Como escrevi na introdução a este ateliê, ele nos deu a oportunidade de reconhecer e praticar o método criado por Freud em *A interpretação dos sonhos* (1900/2019). Retomo essa ideia.

Como todos sabem, ele afirma que o sonho é a via régia para o inconsciente. Como assim? O que significa isso, mais de cem anos depois? Esse método – que continua sendo o modelo do *trabalho clássico com a neurose* – consiste em seguir as associações do paciente tendo as imagens do sonho como estímulo. E quando o paciente não traz sonhos? Não tem problema, porque hoje entendemos que *tudo o que o paciente fala pode ser escutado como um sonho* (ou, como vimos no Capítulo 2 e ainda veremos em outros ateliês, como um *pesadelo*).

O que significa escutar o discurso do paciente como se fosse um sonho? Significa algo assim: "Sonhei que estava na sala de espera do ginecologista. O notebook estava aberto e, 'sem querer, querendo', descobri que uma amiga tinha feito um aborto. Em seguida meu tio foi me buscar e fomos a uma loja. Vi quando ele roubou uma caneta de marca. Mas ele agia normalmente, como se tivesse certeza de que nada aconteceria com ele. Eu ficava chocada e sabia que não podia contar isso para ninguém".

Estava falando de como o método analítico criado por Freud para interpretar sonhos continua valendo para o trabalho com pacientes predominantemente neuróticos. O analista usa sua atenção flutuante até que sua escuta recorte certos termos e certos temas que se repetem. Vejam só como isso funciona aqui:

> *Levou uma surra quando desobedeceu a mãe/irmão fraudou o vestibular/ela verifica a fonte das notícias/o tio correto fez algo muito errado/ela quer uma analista ética/ela fez algo muito errado/quer uma analista que seja bem dura/a irmã livre acabou morrendo/ela está presa no porão/a prima se libertou graças à análise.*

Onde tudo isso vai dar? Ainda não sabemos. Como mencionei, ainda estamos no processo de atenção flutuante/escuta analítica. Ainda falta acompanharmos de que maneira tudo isso se organiza num pensamento clínico, e como ele se reverte para a condução da análise. Temos um longo caminho até entender de onde vem tamanha angústia com questões éticas; como e por que ela está presa num porão; de que modo isso se atualiza na transferência; e como intervir nas sessões.

~

Mais material clínico:

> *Meu sonho era trabalhar numa empresa de TI. Fiz uma seleção para uma vaga na empresa X e passei. Depois de vários meses, não tinham me chamado. Não sei se tinham parado de contratar. Perguntei a uma amiga que trabalha lá há muitos anos, ela foi falar com a chefe do RH, que é amiga dela. Logo me chamaram e comecei a trabalhar. Desde então, em vez de ficar feliz por ter realizado meu desejo, não tem um dia em que não fico em dúvida se fui favorecida pela minha amiga, ou não.*

Na nossa escuta: Deby está dentro ou fora da lei? É mais do mesmo. Não é mais o crime monstruoso de ter violado a privacidade de uma paciente, mas um novo crime igualmente monstruoso: o de ter conseguido um emprego por meios questionáveis. Se ela foi favorecida, isso significa que ocupou indevidamente o lugar que seria de outra pessoa. Ela roubou esse lugar. Igual ao tio que roubou a caneta. Uma colega lembra da fraude do irmão para entrar na faculdade de medicina. Sim, é um material que faz parte da mesma série psíquica. Deby tem medo de que descubram sua fraude e de ser punida por isso.

Alguém pergunta: quem são "eles" que vão descobrir a fraude? Calma. Já vamos chegar lá. Estamos começando a adentrar no planeta que ela habita. Conseguimos identificar sua angústia. Tem horror à ideia de ser como o tio: ter cometido um crime, e esse crime ter ficado sem punição (o ginecologista não ficou sabendo de nada; ela continua trabalhando na empresa X e está indo muito bem).

Há momentos em que Deby não sabe se cometeu ou não uma infração (foi favorecida ou não?). Ou então comete uma infração "sem querer, querendo" (a tela do notebook estava aberta e ela leu). O fato é que carrega uma culpa da qual não consegue se livrar.

M – DE QUE CULPA SE TRATA? O QUE FOI QUE ELA FEZ – OU PENSA QUE FEZ/TEM MEDO DE QUE PENSEM QUE FEZ – DE TÃO ERRADO?

Fazendo referência ao interesse dela por *fake news* – notícias mentirosas –, uma colega do ateliê pergunta se ela não sentiria culpa por *ser uma fake news* ("pareço ética, mas não sou"). Sim, faz sentido.

Outra colega levanta uma hipótese nova muito importante, porque nos encaminha em direção a um pensamento clínico: "Ela vive num planeta no qual é preciso *expiar a culpa*". Fico muito feliz quando surge essa ideia, que nos remete diretamente ao começo do ateliê. Deby quer uma analista que seja *bem dura* com ela. Para quê? Justamente para expiar a culpa. A dimensão da transferência começa a aparecer.

M – E, AFINAL, ELA COMETEU OU NÃO COMETEU UM CRIME?

Alguém apresenta ideia de que ela seja *cúmplice* de um crime: ela não impediu o tio de roubar a caneta. Mas o material não confirma essa hipótese. O que sabemos é que a criança que ela era sabia que aquilo não era correto e ficou chocadíssima. Ficou muda até chegar em casa. Não se aliou ao tio de jeito nenhum.

Outra colega pergunta se a culpa tem a ver com a amiga que intercedeu para que ela fosse chamada pela empresa X. *Por que intercedeu? Queria favorecer a paciente? Tratava-se de alguma troca de favores?* Mais uma vez o material clínico não sustenta essa hipótese. Ela passou na seleção. A empresa não a havia chamado por alguma desorganização interna. Ela não foi favorecida. Mesmo assim, aos olhos de Deby, talvez a amiga a tenha favorecido, talvez ela esteja lá de forma ilícita. Talvez o rival (que competiu pela mesma vaga) vá reclamar seu lugar. Talvez possam descobrir a fraude e ela será punida.

~

Lá atrás alguém perguntou: quem são "eles" que vão descobrir a fraude? Agora já dá para responder.

"Eles" é o supereu extremamente rígido da neurose obsessiva. Ele censura Deby por ter conseguido o emprego de um jeito supostamente ilícito. Censura-a por ter lido a tela do computador da secretária. Mas vejam: a rigor, estamos numa zona cinzenta. A amiga ajudou, mas Deby tinha passado na seleção. Ela leu o que estava na tela, mas foi negligência da secretária. Contudo, o supereu a censura como se fossem crimes inafiançáveis, e ela fica morrendo de culpa.

É nisso que o supereu é extremamente rígido e inflexível. Poderia deixar passar duas "transgressões" que não chegam a ser verdadeiras transgressões, mas ele não deixa passar nada. Nesse contexto, faz sentido a paciente querer uma analista que seja dura e não deixe passar nada.

Um parêntese para trazer um comentário que fiz no ateliê, e que apresentei no primeiro capítulo desta Série. Lá eu dizia que, para integrar teoria e clínica, *precisamos criar-achar a teoria na clínica.* E que, no espaço limitado de quatro encontros, o ateliê propõe exatamente essa experiência intelectual e emocional. Vejam só. Há mil anos, estudei alguma coisa sobre o supereu rígido do obsessivo. O conceito estava lá, era um saber intelectual colado nas páginas do livro. Mas nesse dia ele saiu de lá e veio para o mundo. Ele se tornou um conceito vivo, um saber encarnado no meu ser psicanalítico, um instrumento de trabalho.

Esse conceito está/estava lá (nos livros) para ser encontrado, mas nós precisamos criá-lo a partir da nossa experiência clínica. E foi o que aconteceu! A experiência intelectual e emocional que mencionei é *dar de cara com ele na clínica* e perceber que era esse o conceito de que eu precisava para dar sentido àquilo que estava escutando. Sem ele, a massa de material clínico continuaria como uma massa de material clínico. Esse conceito ilumina a clínica, e a clínica torna esse conceito vivo.

O momento no qual os participantes do ateliê – inclusive eu – integramos teoria e clínica tem, para mim, um valor estético e me emociona. Nunca mais vamos esquecer essa experiência. Eu, pelo menos, não vou. Não sei se para o leitor que me acompanha a experiência é tão viva como a de quem participou. Espero que sim!

Voltando ao dito-cujo. Esse supereu é rígido e chato, mas não é bobo. Ele sabe que, de alguma maneira que ainda não está clara, ela tem culpa no cartório. Contudo, ele se engana em um ponto: não se trata de um crime "real", e sim de uma transgressão ligada a uma fantasia inconsciente. Mas ainda temos chão pela frente para chegar lá.

Pausa para falar da diferença entre um supereu obsessivo (neurótico) e um supereu cruel, primitivo (psicótico). A rigidez do primeiro está relacionada à exigência de limpeza, pureza, assepsia moral e um comportamento irrepreensível, tipo Maria Imaculada. Ele tem horror (angústia) ao pecado, à sujeira, à transgressão. O supereu neurótico *censura o eu pelo que ele fez*. É completamente diferente do supereu primitivo, que "cai matando" e *odeia o eu pelo que ele é*. Para o supereu cruel e primitivo das organizações não neuróticas, esse eu nem deveria existir.

~

Estamos chegando no final do primeiro encontro. Não quero terminar sem mostrar de que maneira o pensamento clínico que estamos elaborando nos ajuda a intervir na clínica. Sempre que dá, proponho *exercícios de intervenção*: o que poderíamos dizer a ela quando relata o episódio na sala de espera do ginecologista? Agora que estamos entendendo melhor como são as coisas no planeta que Deby habita, haveria mil opções do que dizer.

A estratégia é fazer intervenções que permitam à paciente entrar em contato com esse sistema *pecado/expiação do pecado*. Como vimos, o porão (inconsciente) no qual o vento (o recalque) a prendeu é exatamente esse sistema de vida. O pavor de ser acusada de transgressão é tamanho que ela não pode se mexer. Mas a teoria geral das neuroses (Freud, 1917/2014) diz que todas essas transgressões são apenas deslocamentos da "verdadeira transgressão", que é uma fantasia inconsciente. A realidade psíquica é muito mais real do que qualquer realidade factual.

Sobre a transgressão na sala de espera do médico:

- *Ah, então você sente que pecou e agora tem que ajoelhar no milho!*
- *E que castigo você merece por ter pecado?*
- *Tenho a impressão de que o verdadeiro crime não é esse. Afinal, você não prejudicou ninguém. Qual seria?*
- *Agora entendo por que você quer que eu seja dura com você. Não quer que eu deixe passar nenhum crime.*

Começamos a entender que não cabe a nós tirar Deby do seu porão. A porta vai se abrir e ela vai sair quando puder desconstruir o sistema pecado/expiação do pecado.

E o que poderíamos dizer quando ela conta a história da irmã lésbica que não estava nem aí com a censura moral da família, mas morreu de câncer? *Talvez você quisesse se sentir livre como ela, mas tem muito medo das consequências.*

Encerro o primeiro encontro com uma última consideração sobre o funcionamento obsessivo: o prazer é proibido e tem de ser substituído pelo dever. O desejo não conta. O obsessivo não se pergunta "o que eu quero fazer", mas "o que eu devo fazer", o que é o correto – moralmente correto. O prazer (narcísico) está na superioridade moral.

Ah, agora entendemos por que ela fica nesse casamento! Cumprir o suposto dever (em relação ao marido que a ajuda) é prova de superioridade moral. O supereu não tem o que dizer contra ela. Mas a vida fica limitada e sem graça.

Segundo encontro

No primeiro encontro vimos que a paciente habita um planeta regido pela lógica da moralidade, no sistema pecado/expiação do pecado (desejo de ser punida). O material trouxe duas figuras pecadoras – o tio que roubou uma caneta e o irmão que fraudou o vestibular. E trouxe também uma figura que representa o prazer e seus perigos – a irmã sexualmente livre que teve câncer. Intuímos também que a analista está no lugar do supereu rígido que a acusa de algum pecado que, entretanto, ainda não sabemos qual é.

M – VAMOS TENTAR REFAZER O PERCURSO DE COMO FOI QUE CHEGAMOS NISSO. QUAL FOI O ELEMENTO DO DISCURSO DA PACIENTE QUE SERVIU PARA ORGANIZAR O MATERIAL CLÍNICO EM UM TODO COERENTE?

Esse elemento é o que Bion (citado por Sandler, 2021) chama de *fato selecionado*. Aqui, o que me permitiu "enxergar" o sistema de vida da paciente foi uma historinha. Deby contou que cometeu um crime: violou a privacidade de uma paciente no computador da secretária do ginecologista. Mas não foi o conteúdo do relato que chamou minha atenção. É que, para mim, soou *como uma criança que confessa ao padre*, com um misto de vergonha e culpa, que roubou uma bala na mercearia. E que espera ansiosamente pela punição na forma de vinte pais-nossos para expiar a culpa.

E qual a importância disso? Não podemos esquecer que o funcionamento neurótico indica que um setor do psiquismo continua funcionando na lógica do infantil, isto é, a lógica do inconsciente. É por isso que estamos sempre tentando escutar a criança-no-adulto. O "crime" de Deby só faz sentido no universo do infantil nela.

Como que para confirmar o que acabo de dizer, nossa colega associa *mais um pecado* que só faz sentido no universo infantil. Ela lembra que a paciente lhe disse que catou um bilhete de metrô usado que estava no chão da sala de espera e o jogou no lixo. Como ela vai de metrô para a sessão, ficou com medo de que a analista achasse que o bilhete largado no chão fosse dela. Ela não disse, mas a essa altura já sabemos que ela ficou com medo da censura moral da analista ("que feio isso que você fez!").

O importante nisso tudo é que a angústia da paciente é desproporcional ao suposto crime. Foi essa desproporção que me remeteu ao universo do infantil e me levou a "organizar" – ou ressignificar – tudo o que vimos até agora no sistema "crime e castigo", típico do funcionamento obsessivo. Foi nesse momento que o material sobre o tio, sobre o irmão que fraudou o vestibular, sobre o medo do favorecimento – elementos até então esparsos, colhidos pela atenção flutuante – se organizou como sendo *sua maneira de ler o mundo e a si própria*: ela divide as pessoas em *moralmente virtuosas* e *moralmente condenáveis*.

Nesse ponto, uma colega lembra da irmã homossexual que foi livre, mas acabou mal. Afinal, de que liberdade se trata? Seria fácil responder que se trata de liberdade sexual, pois ela se recusou a ficar trancada no armário. Mas, para a escuta analítica, esse material pode ser interpretado como punição pela sexualidade *no sentido amplo do termo*. Libido, erotismo, prazer: pode-se ter tesão por muitas coisas além de transar. No sistema crime e castigo, a realização de qualquer desejo é uma transgressão. Na lógica da criança nela, ter prazer é um crime que merece punição. Faz todo sentido ela esperar que a analista seja dura com ela. Só não sabemos ainda qual foi o crime que ela cometeu.

M – ONDE, NESSE MATERIAL, HÁ ALGO LIGADO AO PRAZER OU AO DESEJO?

Ainda não sabemos. Nessa altura do ateliê, não temos mais dúvida de que estamos diante de um caso bastante clássico de funcionamento obsessivo. Não há rituais, mas há uma dúvida que fica martelando obsessivamente na sua cabeça: fui favorecida ou não fui favorecida? Cometi ou não um delito?

(Atenção, a frase seguinte contém spoiler! O delito é uma fantasia inconsciente: "matei meu rival para conseguir este emprego". É uma fantasia de parricídio.)

O material sobre a irmã traz também uma associação frequente entre os obsessivos, que é a associação entre prazer e morte. É por isso que eles substituem o prazer pelo dever. Vai ficando cada vez mais claro como ela foi parar no porão da própria casa.

~

A analista traz material clínico novo: ao entrar na sala de análise, a paciente comenta que está com calor. Acaba de sair da academia e está suada. Numa atitude que, para a analista, soa *provocativa*, tira a camiseta e fica de top, se movimentando bem na frente do ar-condicionado. "*Que delícia esse teu ar-condicionado na minha pele*! Você se incomoda se eu ficar de top?" A cena é ostensiva e caricata. Parece uma menininha fazendo uma travessura, tipo roubando um doce.

A analista vê tudo isso, mas por enquanto diz algo como "fique à vontade". Numa resposta que poderia ser surpreendente, mas agora já é esperada por nós, Deby *pede à analista para não ser tão bem tratada*. Ao dizer isso, sua intenção é ser engraçada, mas levaremos o que ela disse ao pé da letra.

M – QUE TIPO DE PROVOCAÇÃO É ESTA? E POR QUE NÃO PODE SER BEM TRATADA?

Caberia perguntar o que acontece se for bem tratada – estamos em busca da angústia, que é sempre a nossa melhor bússola. Mas já vemos a defesa contra a angústia em ação: ela ameniza a provocação sendo a menininha "fofa" que diz coisas engraçadas. O importante, para nós, é que a criança no adulto aparece claramente, contanto que a atenção flutuante se detenha nos elementos não verbais da performance.

Mais do que permitir ou proibir que ela fique de top, nosso trabalho é *interpretar o sentido* da cena que ela está propondo à analista. O material relevante não é ela estar de top, e sim ficar de pé *curtindo ostensivamente o ar-condicionado da analista na sua pele*. O material relevante é a manifestação erótica (curtir, ter prazer) bem na frente da analista-supereu. A criança nela está *colocando em jogo na transferência* seu erotismo ("que delícia o teu ar-condicionado na pele!"), porém já à espera da punição ("não me trate tão bem"). "O que você acha disto que estou fazendo? O que vai fazer comigo?"

Tudo indica que Deby esteja esperando um puxão de orelhas. Em vez disso, a analista – que ainda não tinha reconhecido o sistema "crime e castigo" – lhe diz que pode ficar à vontade. Essa fala poderia ter efeito interpretativo, pois a analista se deslocou do lugar esperado. Mas a resposta da paciente sugere que ela *precisava de uma interpretação. Ela não fica aliviada* pela "permissão de curtir o ar-condicionado", e sim angustiada: "não me trate tão bem!". No modo de vida sintomático, que batizamos aqui de sistema crime e castigo, ela ainda precisa da punição para atenuar sua angústia.

Para sair da repetição do sistema crime e castigo, Deby precisa de uma interpretação que dê sentido ao que está fazendo. Há mil possibilidades.

- *Você supõe que vou puxar suas orelhas por curtir meu ar-condicionado.*
- *Você gostaria que eu puxasse suas orelhas porque ousou curtir meu ar-condicionado.*
- *Para você, curtir meu ar-condicionado é um crime.*
- *Parece até que está me provocando, fazendo uma travessura bem na minha frente, para ver o que eu vou fazer.*

O que todas essas interpretações enfatizam são os dois pronomes presentes na fala da paciente: "curtir *teu* ar-condicionado na *minha* pele". Elas colocam em palavras a dimensão incestuosa da sexualidade infantil. É esse o sentido da cena. É esse o "crime" que estávamos procurando! Todas as intervenções propostas iluminam a dimensão transferencial do desejo incestuoso, pois não temos mais como ignorar que ar-condicionado = analista. Até nós, no ateliê, conseguimos sentir a carícia do ar geladinho na nossa pele encalorada em tempos de aquecimento global!

Freud nos ensinou a ler/traduzir/interpretar a linguagem não verbal dos sintomas como referência ao conflito entre o desejo incestuoso da criança, a censura e o recalque. Vejam os conceitos sendo usados como instrumentos de trabalho. Estamos trabalhando com os conceitos de inconsciente (a criança-no-adulto é a autora da cena) e transferência (o conflito infantil se atualizou na situação analítica), e com a teoria geral das neuroses, sem a qual não poderíamos reconhecer *qual é* o conflito infantil que a criança edipiana está comunicando em sessão.

Que beleza, e que emoção, criar-encontrar a teoria na clínica! E como a clínica se ilumina graças à teoria! Sem ela, a performance maravilhosa de Deby, tão grávida de sentido, ficaria incomunicável e incompreensível para a analista (e, obviamente, para a paciente). Em vez de parir um sentido, a riqueza desse material seria desperdiçada.

É claro que os pacientes nos dão novas oportunidades: em geral, eles não podem ir embora sem elaborar o que precisa ser elaborado. Mas teria sido uma pena perder a linda oportunidade para levantar o recalque (dar continuidade ao processo de simbolização secundária) propiciada pela performance. Deby continuaria mais um tempo trancada no seu próprio porão!

Sintetizando: entender "quem" é essa paciente, que posição subjetiva ela ocupa, e como ela lê o mundo e a si mesma nos ajuda a fazer intervenções mais precisas, mais produtivas no sentido de ajudá-la a levantar o recalque. Queremos criar condições emocionais para que ela consiga sair da caixa sem ficar tão apavorada com… com o quê mesmo?

Voltemos ao material da sessão: depois da incrível cena de abertura (curtir o ar-condicionado da analista), a paciente se deita no divã e diz que quer falar do seu ódio. Relata situações com a família do marido, que passa o dia servindo à mãe idosa de um jeito que Deby acha repulsivo – aos 50 anos, ele continua sendo o próprio "filhinho da mamãe". A cunhada fez uma plástica e fica dando uma de gostosa. "Posta fotos ridículas em que ela e o marido parecem dois pombinhos apaixonados".

Como escutar esse material? O marido e a mãe formam um velho casal deserotizado – o Édipo escancarado é *repulsivo*. Tem inveja da cunhada que tem prazer em ficar bonita e ser desejada pelo marido. Esse outro casal é erotizado, mas é *ridículo*. Contrasta com sua própria vida sexual, *inexistente*: ou não tem camisinha, ou o marido broxou, ou ele está gordo, ou ele está com a mãe. Faz muito tempo que não "namoram". A vida sexual inexistente é por culpa dele. Chama a nossa atenção que ela não use termos como transar, fazer sexo, trepar. A própria palavra "sexo" parece ser vivida como pecado e tem de ser substituída por "namorar".

Vimos anteriormente que, em seu sistema, Deby gostaria de ser moralmente imaculada, banindo o prazer e cumprindo o dever. Lá atrás, quando falamos do porão que restringe/limita seus movimentos, ficou a pergunta: que tipo de movimentos? Agora entendemos que se trata dos movimentos pulsionais. Nesse sistema de vida, é preciso *restringir/trancar as pulsões sexuais e agressivas*. Se for isso, como intervir?

Pode-se interpretar o contraste entre o casal formado por seu marido e a mãe dele e esse outro formado pela cunhada e o marido dela. *Você disse que eles são ridículos, mas talvez você também quisesse ter uma vida sexual mais quente.*

E pode-se usar termos que indiquem, na transferência, que a analista não está trancada em lugar nenhum. *Quer dizer que tua cunhada e o marido trepam loucamente?* É possível que ela fique chocada com essa expressão, ou queira mudar de assunto. E então nós não largamos o osso e continuamos: *parece que você ficou incomodada quando eu disse que eles trepam loucamente. Por que será?*

Deby fala em se separar do marido, mas desiste quando se lembra das amigas casadas com homens violentos ou controladores. Pensando bem, seu marido não é tão ruim assim. Apesar de tudo, é respeitador e correto. Na verdade, ela o admira por cumprir com afinco o dever de cuidar da mãe idosa. Aqui, parece que o marido lhe convém porque ele também ficou trancado no próprio porão. O casamento se sustenta em torno do pacto zero prazer/cumprir o dever, que funciona para ambos.

É chato e sem graça, mas a protege das angústias ligadas à gestão do prazer. Se ela se separasse, teria de se haver com seu desejo e com homens violentos – na minha escuta, *violentamente excitados* –, o que para ela é apavorante. Vejam como estamos longe da ideia inicial, de que a paciente queria, mas não conseguia, sair do casamento-porão. O panorama muda totalmente quando conseguimos reconhecer o sintoma e o arranjo inconsciente que mantém o casal unido apesar de tudo.

Terceiro encontro

No segundo encontro, fomos engrossando o caldo do pensamento clínico que nos levou ao sistema crime e castigo. Num ateliê, quando sinto que já temos uma ideia de "quem" é o paciente, peço uma sessão, ou um trecho de sessão. O objetivo é ver como o pensamento clínico elaborado até ali pode nos ajudar a intervir numa situação concreta. Ou ao contrário: como as respostas do paciente às nossas intervenções nos levam a mudar de rota. Que surpresas nos reserva esse terceiro encontro?

A analista apresenta uma sessão recente em que diz ter percebido que as estratégias sugeridas no segundo encontro funcionaram. A paciente chega brincalhona e diz que está parecendo aquele relógio derretido de calor do Salvador Dalí. A analista não ri e permanece em silêncio. Em seguida, Deby lê um trecho de um livro que trouxe. O tema é a importância de enfrentar os sentimentos para que não se transformem em ressentimento e se voltem contra a própria pessoa. É frequente ela trazer livros com trechos sublinhados, ler para a analista e comentar "veja como esse autor é maravilhoso", ou então "olha que trecho lindo!".

A paciente boceja e a analista comenta: "Você parece exausta". A paciente diz que sim, que está exausta e tem tido dificuldade para dormir. Depois relata dois sonhos. Comenta da intensidade dos sentimentos e de como os sonhos pareciam reais. Como a analista continua em silêncio, ela se recorda de um sonho antigo em que estava dando uns amassos e ficou com tesão. A analista pergunta, então, *se o tesão só pode ser vivido em sonho*. A paciente responde que não tem tempo para isso, que mal dá conta "de sua agenda normal".

Mas, como veremos adiante (spoiler!), essa intervenção foi um ponto de virada nessa análise. Por enquanto, lanço uma pergunta:

> M – COM QUEM ELA PENSA QUE ESTÁ FALANDO, ISTO É, PARA QUE FIGURA TRANSFERENCIAL ELA ESTÁ LENDO LIVROS, INDICANDO FILMES E ATÉ SONHANDO? E PARA QUÊ?

A analista diz que, de tudo o que ouviu, foi o bocejo que chamou sua atenção. Ele lhe pareceu mais verdadeiro do que a leitura do livro ou o relato dos sonhos. Comentamos que o trecho que leu (enfrentar os sentimentos para que não se transformem em ressentimento) é bem psicanalítico. Deby certamente supõe que "enfrentar sentimentos" é um tema que interessa à analista.

Mesmo que o bocejo lhe tenha parecido mais verdadeiro, a leitura de livros em sessão deve ter um sentido que ainda não foi acessado. É mais uma pequena performance, na linha daquela do ar-condicionado.

M – PARA QUE A PACIENTE LÊ O LIVRO NA SESSÃO? ELA QUER ENSINAR A ANALISTA? QUER MOSTRAR COMO É CULTA? QUER DISCUTIR COMO SE FOSSEM DUAS COLEGAS? QUER SER A PACIENTE PREDILETA?

A analista responde que se sente convocada a ficar encantada e a achar o conteúdo trazido por Deby "maravilhoso". A resposta nos dá uma pista importante sobre "com quem ela pensa que está falando".

Vejamos o que aconteceu antes de ela pegar o livro. Chegou brincalhona e disse que se sentia como o "relógio derretido do Salvador Dalí". Esperava que a analista desse uma boa risada, mas isso não aconteceu. Ela não se dá por vencida. Tenta por outro caminho: traz um trecho do livro "maravilhoso".

M – O QUE SERÁ QUE ELA TENTA POR OUTRO CAMINHO? SEDUZIR A ANALISTA? CONSEGUIR FAZER A ANALISTA RIR É FAZER COM QUE TENHA PRAZER COM ELA? SERIA O OUTRO LADO DA MOEDA DE TER PRAZER COM O AR-CONDICIONADO DA ANALISTA?

~

Avançando mais um pouco, a analista diz que, depois do nosso encontro anterior, o sonho erótico em que a paciente usa a palavra "tesão" também chamou sua atenção. De fato, pudemos entender que o supereu rígido proíbe até a palavra "sexo", que tem de ser substituída por "namorar". Então, de onde vem o sonho erótico e a palavra tesão?

Agora não temos como não escutar as tentativas de sedução da criança em Deby. A analista se sente convocada, na contratransferência, a se deliciar com as imagens que ela traz: o relógio derretido de Salvador Dalí, o trecho maravilhoso do livro sobre a importância de enfrentar os sentimentos. Ela está se oferecendo para que a analista tenha prazer com ela. Nessa escuta, o desejo sexual não está só no sonho. Está também na transferência. O levantamento do recalque vai depender também do que a analista puder fazer com isso.

Voltemos ao material apresentado nessa sessão: Deby está com TPM e se queixa de estar exausta. Fala de uma amiga cujo marido é muito ciumento. Deby se preocupa porque ele tem uma arma de fogo. Além disso, a mãe foi operada e o irmão ainda não foi visitá-la. Os dois nunca se deram bem porque ele acha que a mãe só amava Deby, a caçula. A mãe está chateada com ele. Deby lhe telefonou dizendo para ir visitar a mãe, que está meio deprimida.

M – COMO ESCUTAR ESSE MATERIAL? UM ASSUNTO PARECE NÃO TER NADA A VER COM O OUTRO.

Mas tem. Deby se preocupa com a amiga, que pode levar um tiro do marido ciumento. E se preocupa com a mãe, que pode se deprimir se o filho não for visitá-la. Como se tudo fosse responsabilidade dela. Vejam como o dever está sempre em primeiro plano! E a escuta vai além: lá no cantinho, temos um elemento que poderia passar despercebido – a *preferência da mãe por ela*. Ela foi *favorecida* em relação ao irmão, que representa o rival edipiano. Mãe e filho não se dão bem por causa dela.

A paciente continua. Está muito angustiada com uma situação no trabalho. Propôs um projeto, mas os colegas vetaram, dizendo que agora não é hora para esse tipo de iniciativa. Ela teme que o real motivo do veto seja o fato de ter sido contratada graças à interferência da amiga (diz isso visivelmente angustiada).

A analista lhe diz que, para ela, o veto não é uma picuinha de trabalho, mas o fim do mundo. A expressão *fim do mundo* faz sentido, toca a paciente, que continua com uma associação.

> *Faz uns dois anos, prestei uma consultoria na empresa Z em nome da empresa X, na qual trabalho. Fiz tudo certinho e recebi o valor estipulado, tudo transparente. Mas fizeram uma denúncia anônima e fui chamada para esclarecimentos. Passei meses angustiada, achando que seria condenada e demitida. Para mim, o pior não seria perder o emprego, mas acharem que eu tinha roubado. Seria o fim do mundo.*

M – VEJAM O DESLOCAMENTO DE REPRESENTAÇÃO EM REPRESENTAÇÃO, COMO PROPÔS FREUD EM *A INTERPRETAÇÃO DOS SONHOS*.

Ela continua trazendo material sobre a angústia de ser condenada pelo supereu por um crime que não cometeu – pelo menos, não "na realidade". esse é o trabalho psíquico, passo a passo, do processo de simbolização secundária que permitirá a elaboração e a integração de uma fantasia inconsciente. teremos de ajudá-la a chegar no crime que a criança nela cometeu/não cometeu.

Frente a isso, a analista associa com mais uma historinha relatada pela paciente na época em que estava sendo investigada.

> *Estava na praia e encontrei uma velha amiga, que é juíza. Ficamos felizes porque a gente não se via fazia tempo. Passamos um tempão pondo a conversa em dia.*

> *Quando cheguei em casa fui assaltada pela seguinte ideia: se eu for denunciada e o meu caso fosse parar nas mãos dela, o correto é ela se declarar suspeita e não aceitar julgar essa ação.*

M – OPS! ESSA PACIENTE SÓ PENSA NAQUILO! VEJAM A REPETIÇÃO DO TEMA!

Como numa peça musical, ele reaparece com novos arranjos, quer dizer, em outros contextos. favorecida para entrar na empresa/ era a predileta da mãe/favorecida em relação ao irmão/medo e desejo de ser favorecida pela juíza que é sua amiga. a palavra "favorecida" vai nos aproximando da fantasia inconsciente e do crime que cometeu/ não cometeu.

~

No começo do terceiro encontro, elaboramos a hipótese de que, ao dizer coisas inteligentes e espirituosas, ler trechos de livros "maravilhosos" e trazer sonhos interessantes, Deby tenta seduzir a analista. Agora podemos completar essa ideia: seduzir para ser favorecida em relação aos outros pacientes – ser a predileta!

Uma colega ressalta que a paciente já seduzia a analista antes mesmo de entrar em análise por meio dos encaminhamentos que fazia. A analista concorda e observa que, segundo a própria paciente, encaminhava suas amigas mais ricas.

M – SERIA ESTE, ENTÃO, O CRIME QUE O SUPEREU NEURÓTICO SABE PERFEITAMENTE QUE ELA COMETEU, E QUE CONTINUA COMETENDO, SESSÃO APÓS SESSÃO? É ESSE O CRIME QUE PRODUZ CULPA? É ESSE O PECADO QUE EXIGE EXPIAÇÃO PELA VIA DA PUNIÇÃO?

Essa ideia já tinha aparecido de outra forma na cena do ar-condicionado. Na época, a fantasia de desejo não foi reconhecida, mas tudo bem, porque o material a ser elaborado – qual é o crime que merece punição? – sempre volta com novas roupagens. Como o ateliê não é uma supervisão, estou mais interessada em reconhecermos a utilidade do conceito de fantasia inconsciente.

Acha que é a predileta da mãe. Tem medo de ter conseguido a vaga na empresa de maneira ilícita. Inconscientemente, a criança em Deby sente que realizou o desejo de seduzir sua analista e que é sua paciente predileta. São as várias versões de "matei o rival edipiano e consegui realizar o desejo de ocupar seu lugar". É um belo crime, não é? Só que é um crime cometido em fantasia. Mas o supereu não sabe disso, acha que pode ser "de verdade".

M – O CRIME SERIA, ENTÃO, UMA FANTASIA EDIPIANA DEVIDAMENTE RECALCADA. "MATEI MEU RIVAL E AGORA SOU EU QUE DESFRUTO DO AMOR DA MINHA FIGURA PARENTAL."

Ainda não sabemos se a figura parental é o pai (Édipo positivo) ou a mãe (Édipo invertido). Mas por enquanto não faz muita diferença. O importante é entendermos que ela sente que cometeu um crime, mesmo quando a "realidade" diz que não é verdade. Afinal, ela passou na seleção da empresa, ela não roubou o dinheiro da consultoria etc.

O que caracteriza o funcionamento neurótico é justamente o fato de que o *infantil recobre a realidade adulta*, e o supereu, que sabe do desejo incestuoso, a censura como se tivesse de fato conseguido realizar o desejo. É ou não é motivo para ser torturada por dúvidas obsessivas? Ela não consegue decidir se cometeu ou não um crime, porque a criança nela cometeu o crime em fantasia, mas a adulta não fez nada de errado.

~

O que mais sabemos sobre o Édipo do futuro neurótico? A criança nela tem todo o direito de desejar seduzir a figura parental. O problema é quando essa tentativa dá certo ou, pelo menos, quando a criança pensa que deu certo. Como mostrou Freud, a criança pode "ler" e interpretar a realidade como confirmação da realização do desejo incestuoso. Foi assim que, ao trabalhar com tantas histéricas que "haviam sido seduzidas pelo pai", ele descobriu a sexualidade infantil (Freud, 1893-1895/2016a).

No nosso caso, a angústia por supostamente ter sido favorecida nos remete à realização de uma fantasia incestuosa. Para evitar o crime, o recalque incide sobre o prazer como um todo, transformando tudo em dever.

M – OPS, ESTAMOS COMEÇANDO A VER COMO ELA FOI PARAR DENTRO DO PORÃO DA PRÓPRIA CASA, APRISIONADA PELO VENTO QUE FEZ A PORTA BATER E SE FECHAR. IMPRESSIONANTE A SENSIBILIDADE DA ANALISTA AO "COLHER" ESSA IMAGEM NO CAMPO TRANSFERENCIAL.

E tem mais. Ela deseja ser a predileta, mas tem pavor de conseguir isso. É absolutamente proibido. Para que a criança não fique excessivamente angustiada, a figura parental precisa sinalizar que a proibição do incesto está bem internalizada. E que não vai "passar do ponto". Talvez a figura parental de Deby não tenha conseguido evitar "passar do ponto". Talvez não tenha a interdição devidamente internalizada – o tio que era visto como muito correto rouba a caneta.

Ou seja, a figura paterna não aparece como capaz de sustentar a Lei, e isso obriga Deby a trabalhar psiquicamente em dobro para "não caírem em tentação".

Deby era muito ligada a esse tio. Ter testemunhado o crime mudou totalmente a relação dos dois. A partir daí, a criança nela passou a ter a *responsabilidade* de garantir que a Lei fosse cumprida. Já não podia se dar ao luxo de transitar pelo desejo e pelo prazer despreocupadamente.

Responsabilidade é sinônimo de *dever*. Imagino que Deby seja uma funcionária exemplar, hiper-responsável, o sonho de qualquer patrão. Imagino que limite seu cafezinho ou seu xixi a um minuto, para que não pensem que está folgando em horário de trabalho. Lembremos que, apesar de tantas queixas, está presa no casamento pelo dever de sustentar o marido – ela se sente responsável por ele também!

Vejam como ressignificamos material clínico de encontros anteriores. Ela sente que é sua responsabilidade garantir a proteção da amiga, cujo marido ciumento tem um revólver. É sua responsabilidade garantir que a mãe não ficará chateada no seu pós-operatório. É sua responsabilidade impedir seus próprios movimentos pulsionais, já que seu objeto de amor não é capaz de renúncias instintuais: o tio, afinal, sucumbiu ao impulso/desejo de roubar a caneta.

Em outros termos, o supereu da criança em Deby passou a ter de esquadrinhar obsessivamente todas as cenas da sua vida em que pode ter cometido o crime de "ser favorecida". Anos depois de estar trabalhando na empresa, a punição pela possível transgressão continua a assombrá-la. Talvez o sintoma seja tão tenaz e persistente porque *nenhuma das duas figuras parentais* sustentou a interdição, cada uma a seu modo: o pai é transgressor, a mãe é seduzível.

A paciente fica exausta pelo dispêndio de energia para manter o recalque. Mesmo assim, o recalcado volta o tempo todo como dúvida obsessiva/medo de ser descoberta. O material clínico mostra como a situação edipiana se infiltra em situações banais do cotidiano que servem como suporte para a atualização transferencial do pavor de ter conseguido realizar fantasias incestuosas.

~

Voltando à sessão que nossa colega apresentou neste terceiro encontro, sintetizo o que surgiu com a escuta analítica: Deby hiper-responsável (pela amiga viva, pela saúde da mãe); o medo/desejo de ser favorecida pela amiga juíza; o empenho em seduzir a analista. Não necessariamente nessa ordem. Deby precisa vigiar tudo e se responsabilizar por tudo. Mas o mais trabalhoso e exaustivo (se queixa de TPM e de estar exausta) é ter de vigiar a si mesma, esquadrinhar seus próprios atos.

Deby tem razão de desconfiar de si mesma: apesar da angústia ao imaginar que pode ter sido favorecida, empenha-se em seduzir a analista para ser favorecida. Que maravilha podermos ver o conflito tão claramente atualizado na transferência!

É a chance de ajudar a paciente a retomar seu processo de subjetivação interrompido. Vamos tentar imaginar estratégias clínicas que favoreçam o levantamento do recalque e a *simbolização secundária*. Como já vimos, trabalhamos sempre em dois *fronts* interligados:

1. Interpretando as "historinhas", quer dizer, as associações do paciente, o material onírico – é a transferência sobre a linguagem. É importante lembrar sempre que historinhas, assim como os sonhos, são *representações*. Exceto em casos de transferência negativa, é mais prudente começar com elas. Por exemplo, agora que sabemos que a palavra "favorecer" alude ao conflito

edipiano, nossas intervenções podem ser mais precisas. *Você disse que acha que sua amiga juíza teria de se declarar suspeita e não pegar o teu caso se caísse com ela. Você prefere que ela se declare suspeita, ou prefere que ela te favoreça?*

2. Trabalhando com a transferência sobre o objeto. Podemos fazer isso por meio de interpretações diretamente transferenciais:
   - *Você quer saber se vou permitir ou não que curta o meu ar-condicionado.*
   - *Parece que você fica feliz em poder indicar leituras que imagina que vou curtir. Será que gostaria de ser minha paciente predileta?*
   - *Quer mesmo ser minha paciente predileta? Se isso acontecesse, será que eu continuaria sendo uma boa analista para você?*
   - *É muito importante para você que eu me mantenha íntegra e isenta, como disse outro dia sobre tua amiga juíza etc.*

A ideia é falarmos a partir de um lugar ligeiramente diferente daquele em que o sintoma nos espera. É assim que entendo o que Winnicott (1954/2000) chama de manejo na transferência. Mas atenção: o analista precisa evitar dois extremos igualmente problemáticos do ponto de vista da neurose. a) Não caberia analista e paciente rolarem de rir das gracinhas de Deby – ela/ele está lá para interpretar, e não para se divertir. b) No outro extremo, não cabem puxões de orelha na paciente quando tenta ser fofa e encantadora. Afinal, a responsabilidade pelo enquadre é nossa, não dos pacientes.

É lindo ver a angústia edipiana sair do livro e ser reencontrada viva na clínica, que, por sua vez, se ilumina graças à teoria. O que estamos fazendo neste ateliê – e que procuro fazer em todos – é reinventar a roda. Criar-achar a teoria: ela estava nos livros para ser encontrada, mas nós a criamos a partir da clínica.

Quarto encontro

Como sempre, faço uma breve recapitulação do que pudemos entender no encontro anterior. Vimos a paciente fazendo manobras sedutoras para ser a paciente predileta da analista e seu sentimento de pânico em ser bem-sucedida e se tornar, de fato, a favorita. Cabe a Deby, então, garantir a lei da interdição porque o adulto não o faz. Nesse sentido, ela desenvolve um supereu bem rígido que lhe assegure que a transgressão não ocorrerá. Para comprovar essa hipótese, fizemos uma pergunta à nossa colega em relação à historinha sobre a amiga de Deby que é juíza.

> M – Deby imagina que ela se declararia suspeita? Ou que aceitaria o caso e a favoreceria?

Sim, ela imagina que a amiga se declararia suspeita. Deby ficaria muito feliz e aliviada se isso acontecesse. Claro: aliviada por essa figura parental ser capaz de sustentar a Lei e protegê-la do horror do "favorecimento".

Nossa colega traz mais material clínico, e é importante dizer que essas sessões estão acontecendo em paralelo ao ateliê. A escuta da analista já está sensibilizada pelos temas que foram descritos aqui.

A paciente assume um ar solene e diz que tem um assunto importante. Tem procurado pessoas que estudaram com ela dez anos atrás. São colegas que a conhecem bem e que acompanharam sua trajetória profissional. (Há muitos detalhes sobre quem ela procurou, como foi o reencontro, sobre o que conversaram etc.)

Reencontrou também Amanda, a titular do departamento que estava na sua banca de mestrado.

> *Foi uma situação muito traumática [a da banca]. Ela criticou muito minha dissertação e me deu a nota mínima. Foi um reencontro frio, e nenhuma das duas mencionou o que se passou tantos anos atrás. Meu orientador tinha me dito que eu tinha que assumir uma postura humilde, porque Amanda era uma pessoa amarga. Era muito sozinha, não tinha vida pessoal, a vida acadêmica era tudo para ela.*
>
> *Ainda me lembro da crítica que caiu em cima de mim como uma bomba. Ela me disse o seguinte: "Você merece zero em metodologia. Perdeu a neutralidade científica porque se apaixonou pelo seu objeto de estudo". Eu lembro também que Amanda atacava especialmente as pesquisadoras. Não gostava de mulher. Tinha raiva de mulher. Na ocasião, eu fui salva pelo meu orientador. Depois ele me disse que achava que ela estava com inveja de mim.*

O que nos conta essa historinha? Uma escuta possível é que a criança em Deby precisou se constituir no vínculo com uma figura materna que, possivelmente, baniu o prazer de sua própria vida. Essa figura se torna amarga e rígida – *invejosa* – e por isso ataca qualquer manifestação do erotismo feminino. Aqui temos um elemento ligado ao arcaico, mas não vamos entrar nisso agora. Basta ficarmos com a ideia de que uma pesquisadora é uma freira: deve se ater ao dever e banir o prazer, que "contamina" o resultado.

Em paralelo, podemos interpretar a historinha como se fosse um sonho. "Sonhei que estava defendendo minha dissertação de mestrado e uma professora da banca me criticou porque viu que eu tinha curtido fazer aquela pesquisa". Exemplos de intervenções possíveis:

- *Quer dizer que ela acha que uma pesquisadora tem que ser uma freira?*
- *Puxa, que mulher amarga! Já pensou ter uma pessoa assim como orientadora de mestrado?*
- *Zero prazer? Que triste! Que sem graça!*

~

Estamos acompanhando o passo a passo de como o trabalho analítico ajuda o paciente a encaminhar seu processo de simbolização secundária. Vejam como vão aparecendo mais e mais associações que mostram como o conflito neurótico está sendo elaborado. A analista está trabalhando com as representações que destacamos ao longo dos três encontros anteriores: medo/desejo de ser favorecida, crime e castigo, trancada no porão do dever, professora amarga que pune o prazer de pesquisar.

E então vem mais um fragmento de material "fresquinho" daquela semana que mostra a mudança de posição subjetiva. Deby conta que seu chefe lhe pediu para adiar o projeto dos seus sonhos para se dedicar a outro projeto necessário naquele momento da empresa. Só que ela acha o assunto chatíssimo. Tenta encontrar uma racionalização que a ajude a engolir esse projeto – tenta se convencer de que vai aprender muito etc. Mas não funciona. Pela primeira vez, queixa-se de precisar renunciar ao que lhe dá prazer para cumprir um dever. Pela primeira vez, o dever aparece no material clínico como imposto pelo objeto, e não como "escolha" (entre aspas porque se trata de uma escolha sintomática, e não de uma escolha feita com liberdade interna).

A analista comenta que acha que a própria associação da paciente com o evento traumático – a professora Amanda/figura materna invejosa que pune o erotismo – já é resultado do trabalho analítico durante o próprio ateliê. Acha que uma intervenção que fez lá atrás ("o tesão só pode ser vivido em sonho?") mexeu muito com Deby e foi um *ponto de virada*. E a melhor parte, do ponto de vista de relançar o processo de simbolização secundária, é que tal interpretação não foi vivida como crítica. Foi vivida como *interpretação*. É um passinho para fora da compulsão à repetição.

M – O QUE SIGNIFICA DIZER QUE UMA INTERVENÇÃO FOI UM PONTO DE VIRADA?

Uma interpretação disruptiva movimenta as representações pré-conscientes que estavam "esperando" a chacoalhada para entrar no fluxo da consciência. Elas "engatam" na representação proposta na interpretação e seguem a via associativa recém-aberta. De fato, agora Deby traz associações que *não são mais do mesmo* e que abrem para novas intervenções.

Além disso, a colega nos conta que o clima da sessão é outro – mais apaziguado e menos "divertido" (não precisa mais do truque para driblar o supereu rígido) –, o que sugere que o trabalho de elaboração e de mudança de posição subjetiva está em curso. Deby está mais em contato com seu desejo. Vibra ao falar dos projetos que sonha poder realizar, mesmo que agora precise se dedicar ao projeto chato que o chefe pediu. E em certo momento comenta: "é, está faltando prazer na minha vida". Diante disso, a colega faz o que Amanda (o objeto interno que ela representa) não pôde fazer:

legitima a nova paixão de Deby. Interessa-se pelo projeto, quer entender o que a deixa tão animada etc.

~

Nessa sessão, a paciente parece outra pessoa. Traz outras associações na linha de integrar o prazer que, no sistema *crime e castigo*, havia sido proscrito pelo supereu. Uma amiga a convidou para passar o fim de semana na praia e curtir o pôr do sol. Convidou o marido para ir junto, e ele respondeu "mas o que a gente vai fazer lá?". Ela comenta que "ele também não sabe o que é prazer. Assim que acorda, liga para a mãe para saber se ela dormiu bem". Enfim, dessa vez ela não se privou da viagem para ficar em casa com o marido.

Como comentei, o clima na sessão está mais apaziguado e menos "engraçado". Surgiu um tema novo: sua paixão adolescente por um rapaz que sua mãe reprovava. Foi o que levou Deby a sair de sua cidade natal e ir morar na capital. Rapidamente encontrou seu futuro marido e se casaram. Foi quando o vento a trancou de vez no porão.

~

Neste ateliê, tivemos a oportunidade de trabalhar de perto uma sessão. Em geral, não acho isso necessário, pois o que me interessa são os exercícios de escuta analítica e o passo a passo da elaboração de um pensamento clínico. Nesse sentido, o mais importante já foi transmitido aqui e não quero entupir o leitor com mais elementos.

Gostaria apenas de usar o material sobre Amanda para abordar uma última questão teórico-clínica. Em Freud, o recalque é um mecanismo intrapsíquico: a criança se angustia com sua sexualidade e aciona esse mecanismo de defesa (o vento tranca Deby no porão).

Mas por que a criança se assusta? Temos que imaginar que o recalque se torna necessário no vínculo intersubjetivo em que o objeto tem, ele mesmo, questões edipianas mal resolvidas, e por isso se angustia com a sexualidade infantil.

Para ajudar Deby a desconstruir a crença de que erotismo é pecado, eu teria vontade de intervir na sessão com uma perguntinha: *Mas por que será que a Amanda acha que se apaixonar pelo objeto de estudos é um problema?*, ou então: *Parece que Amanda faz tudo por obrigação, ela deve ter muito medo de se apaixonar!*

Finalizando o quarto encontro, comentamos sobre a necessidade de um trabalho de escuta e de elaboração de um pensamento clínico antes de fazermos exercícios de intervenção. Uma coisa é intervir dando tiros para todos os lados, ou então em voo cego. O processo avançará porque sempre há trabalho na transferência, mas o analista não chega a entender o que está fazendo. Outra coisa é ter uma noção um pouco mais precisa de onde estamos e para onde queremos ir – afinal, como sabemos, o paciente faz o trabalho psíquico, mas é o analista que *conduz o processo.*

O que aprendi com esse ateliê?

Redescobri com muito prazer (!) como funciona o método psicanalítico no trabalho com o sofrimento neurótico. Hoje em dia, são muito mais comuns os casos de sofrimento não neurótico. Eu nunca tinha estado diante de uma dúvida obsessiva tão evidente. Por isso, foi surpreendente (e lindo) ver como se repetiam expressões ligadas a questões éticas/transgressões/punições, indicando que a rede de representações está intacta, mas recalcada.

O deslocamento entre elas e a transferência acabaram revelando sua origem inconsciente: a criança em Deby se angustiava porque se sentia uma criminosa/culpada/queria expiar a culpa com algum castigo, e ao mesmo tempo sabia perfeitamente que "na realidade" não tinha feito nada de errado. O interessante é que o material realmente descrevia uma zona cinzenta, ambígua: a amiga de fato intercedeu para ela ser chamada para a empresa, mas ela havia passado na seleção; ela de fato leu a tela do computador da secretária, mas a secretária tinha deixado tudo exposto. Na realidade, nada disso configura de fato uma transgressão ética, mas mostra o nível de culpa moral da paciente.

Tivemos a oportunidade de criar-achar o Édipo: a culpa e a transgressão provinham de outro lugar – do infantil. Uma fantasia de desejo inconsciente ligada à sexualidade infantil continuava ativa (não elaborada nem integrada) e produzindo sintomas. Qual era a fantasia inconsciente? Ela acreditava ter seduzido sua analista, ser de fato sua predileta, ter sido favorecida em relação ao irmão/rival/outros pacientes. Era esse seu crime imaginário. A saída (do porão) passa pela elaboração do conflito num campo transferencial em que a analista nem se deixa seduzir, nem é especialmente dura com ela.

Por fim, fiquei muito impressionada com o fato de a imagem trazida pela analista ainda no primeiro encontro – ela "enxergou" o vento trancando sua paciente no porão da própria casa – ter nos acompanhado pelos quatro encontros. E aqui aprendi mais uma coisa: não importa muito (neste caso) se a imagem proveio da mente da analista ou da mente do paciente. Ela foi produzida pelo campo transferencial ou, nos termos de Ogden (2003), pelo terceiro analítico, que é a estrutura constituída pelos dois psiquismos em mútua interação.

Referências

Gostaria de prestar um esclarecimento em relação às referências bibliográficas dos vários volumes que compõem a Série Ateliê Clínico.

Os ateliês são atividades cujo ponto de partida sempre é material clínico. Meu foco é a escuta e a elaboração de um pensamento clínico, o que supõe que a teoria está sempre lá como pano de fundo da dinâmica de cada encontro. Falo a partir do repertório teórico-clínico criado-achado ao longo de todos esses anos, a maior parte do qual está publicada nos meus livros, com as respectivas referências.

Não tenho a intenção de escrever textos que funcionem como referência para trabalhos acadêmicos, mas propor uma conversa despretensiosa que seja útil para a prática clínica de jovens colegas. Por essa razão, no calor dos ateliês aqui relatados, raramente cito meus autores de referência. Mas estou o tempo todo usando ideias que, como disse, foram criadas-achadas na minha relação (de incorporação canibalística?) com todos eles. Você vai notar que elas se repetem em muitos dos ateliês justamente porque são o fundamento da minha clínica.

Almeida, A. P de. (Org.). (2023). *Muito além da formação*. Blucher.

Bion, W. R. (1994). Uma teoria sobre o pensar. In W. R. Bion, *Estudos psicanalíticos revisados – Second Thoughts* (pp. 127-137). 3a ed. rev. Imago. (Trabalho original publicado em 1967)

Cassorla, R. M. S. (2013, jun.). Afinal, o que é esse tal *enactment*? *Jornal de Psicanálise*, *46*(85), 183-198.

Dostoiévski, F. (2019). *Crime e castigo*. Todavia. (Trabalho original publicado em 1866)

Ferenczi, S. (1991). Transferência e introjeção. In S. Ferenczi, *Psicanálise* (A. Cabral, Trad.; pp. 77-108). Martins Fontes. (Trabalho original publicado em 1909)

Freud, S. (2010a). Recordar, repetir e elaborar. In S. Freud, *Obras completas* (Vol. 10, pp. 193-209). Companhia das Letras. (Trabalho original publicado em 1914)

Freud, S. (2010b). Luto e melancolia. In S. Freud, *Obras completas* (Vol. 12, pp. 170-194). Companhia das Letras. (Trabalho original publicado em 1917)

Freud, S (2010c). A dissecção da personalidade psíquica – Conferência XXXI. In S. Freud, *Obras completas* (Vol. 18, pp. 13-123). Companhia das Letras. (Trabalho original publicado em 1932-1933)

Freud, S. (2011). O eu e o id. In S. Freud, *Obras completas* (Vol. 16, pp. 13-74). Companhia das Letras. (Trabalho original publicado em 1923)

Freud, S. (2014). Conferências introdutórias à psicanálise (1916-1917) – Terceira Parte: Teoria Geral das Neuroses (1917). In S. Freud, *Obras completas* (Vol. 13, pp. 325-613, S. Tellaroli Trad.; P. C. de Souza rev. trad.). Companhia das Letras. (Trabalho original publicado em 1917)

Freud, S. (2016a). Estudos sobre a histeria. In S. Freud, *Obras completas* (Vol. 2). Companhia das Letras. (Trabalho original publicado em 1893-1895)

Freud, S. (2016b). Análise fragmentária de uma histeria (O caso Dora). In S. Freud, *Obras completas* (Vol. 6, pp. 173-320). Companhia das Letras. (Trabalho original publicado em 1905[1901])

Freud, S. (2018). Análise terminável e interminável. In S. Freud, *Obras completas* (Vol. 19, pp. 274-326). Companhia das Letras. (Trabalho original publicado em 1937)

Freud, S. (2019). A interpretação dos sonhos. In S. Freud, *Obras completas* (Vol. 4). Companhia das Letras. (Trabalho original publicado em 1900)

Green, A. (1984). Les langages dans la psychanalyse. In A. Green, *Langages, IIème rencontres psychanalytiques d'Aix-en-Provence, 1983* (pp. 19-250). Les Belles Lettres.

International Psychoanalytical Association. (2021, 2 nov.). *Edição 15: Linguagem e processo inconsciente – entrevista com Danon-Boileau*. YouTube. https://www.youtube.com/watch?v=XlaIBT7E904.

Minerbo, M. (2015, dez.). Contribuições para uma teoria sobre a constituição do supereu cruel. *Revista Brasileira de Psicanálise, 49*(4), 73-89.

Minerbo, M. (2016a). Transferência. In M. Minerbo, *Diálogos sobre a clínica psicanalítica* (pp. 15-48). Blucher.

Minerbo, M. (2016b). Trauma e simbolização. In M. Minerbo, *Diálogos sobre a clínica psicanalítica* (pp. 81-106). Blucher.

Minerbo, M. (2019a). *Neurose e não neurose*. 2a ed. Blucher.

Minerbo, M. (2019b). *Novos diálogos sobre a clínica psicanalítica*. Blucher.

Minerbo, M. (2020). *Transferência e contratransferência*. 2a ed. Blucher.

Minerbo, M. (2023). *Notas sobre a aptidão à felicidade*. Blucher.

Ogden, T. H. (2001). *Conversations at the frontier of dreaming*. Jason Aronson.

Ogden, T. H. (2003). What's true and whose idea was it? *International Journal of Psychoanalysis*, *84*(Pt. 3), 593-606.

Roussillon, R. (2001). *Le plaisir et la répétition; théorie du processus psychique*. Dunod.

Roussillon, R. (2008). La perlaboration et ses modèles. *Revue Française de Psychanalyse*, *72*, 855-867.

Roussillon, R. (2012). On souffre du non approprié de l'histoire: on guérit en l'intégrant. *Le Carnet PSY*, *167*, 36-41.

Roussillon, R. (2014). O trauma narcísico-identitário e sua transferência. *Revista Brasileira de Psicanálise*, *48*(3), 187-205. http://pepsic.bvsalud.org/scielo.php?script=sci_arttext&pid=S0486-641X2014000300016&lng=pt&nrm=iso.

Roussillon, R. (2023). *O narcisismo e a análise do Eu*. Blucher.

Sandler, P. C. (2021). *A linguagem de Bion: um dicionário enciclopédico de conceitos*. Blucher.

Sociedade de Psicanálise de Brasília. (2022, 3 dez.). *Por que André Green? Do pensamento clínico ao paradigma contemporâneo – Entrevista com Fernando Urribarri*. YouTube. https://www.youtube.com/watch?v=DCfpTsL50JU&t=3325s.

Winnicott, D. W. (2000). Aspectos clínicos e metapsicológicos da regressão no contexto analítico. In D. W. Winnicott, *Textos selecionados: da pediatria à psicanálise – Obras escolhidas* (pp. 374-392). Imago. (Trabalho original publicado em 1954)

GRÁFICA PAYM
Tel. [11] 4392-3344
paym@graficapaym.com.br